高等学校教材

# AutoCAD 上机实验指导书

## （第 2 版）

主　编　丁晓影

副主编　叶卫东

中国教育出版传媒集团

高等教育出版社·北京

内容提要

　　本书是在 2019 年丁晓影主编《AutoCAD 上机实验指导书》的基础上，根据近几年的课程改革要求及使用院校的建议修订而成的。本书以介绍 AutoCAD 中文版软件操作为基础，结合工程图样绘制与学生的认知特点，由浅入深地介绍了 AutoCAD 的基本操作、绘图命令、辅助绘图命令、修改及编辑命令、格式设置、文字注写、表格制作、尺寸标注、图层和图块设置、三维实体建模等内容。在熟练应用 AutoCAD 进行上述操作的基础上，结合工程图样绘制的特点，以强化训练为目的，通过 9 个上机实验操作使读者较为容易且快速地掌握简单平面图形、较复杂工程图形、零件图和装配图的绘制方法及基础三维实体模型的创建方法。

　　为了便于读者更好地理解并掌握使用 AutoCAD 绘制图样的方法及步骤，编者特别制作了典型图样 AutoCAD 绘制过程的讲解视频，读者可通过扫描相关图样旁的二维码进行浏览。

　　本书可作为本科院校及高职高专类院校工科各专业的计算机绘图课程的教材或工程制图、机械制图等课程的参考教材，也可作为工程技术人员自学的参考用书。

**图书在版编目（CIP）数据**

AutoCAD 上机实验指导书 / 丁晓影主编；叶卫东副主编 . -- 2 版 . -- 北京：高等教育出版社，2025.2.
ISBN 978-7-04-063595-9

Ⅰ．TP391.72

中国国家版本馆CIP数据核字第20255KL452号

AutoCAD Shangji Shiyan Zhidaoshu

| 策划编辑 | 李文婷 | 责任编辑 | 李文婷 | 封面设计 | 张　楠 | 版式设计 | 徐艳妮 |
| --- | --- | --- | --- | --- | --- | --- | --- |
| 责任绘图 | 邓　超 | 责任校对 | 刘娟娟 | 责任印制 | 刘弘远 | | |

| | | | | |
| --- | --- | --- | --- | --- |
| 出版发行 | 高等教育出版社 | 网　　址 | http://www.hep.edu.cn | |
| 社　　址 | 北京市西城区德外大街4号 | | http://www.hep.com.cn | |
| 邮政编码 | 100120 | 网上订购 | http://www.hepmall.com.cn | |
| 印　　刷 | 北京七色印务有限公司 | | http://www.hepmall.com | |
| 开　　本 | 787mm×1092mm　1/16 | | http://www.hepmall.cn | |
| 印　　张 | 5.25 | 版　　次 | 2019年12月第1版 | |
| 字　　数 | 110千字 | | 2025年2月第2版 | |
| 购书热线 | 010-58581118 | 印　　次 | 2025年2月第1次印刷 | |
| 咨询电话 | 400-810-0598 | 定　　价 | 12.30元 | |

# 第 2 版前言

　　随着科学技术的进步及计算机应用技术的飞速发展，计算机辅助设计在很多领域得到了广泛应用，计算机绘图已成为一项重要的工程技术。对于理工科专业的学生，掌握并提高计算机辅助设计的水平，可以为将来可能从事的工程设计工作打下坚实的基础，极大地提高其设计效率及工作质量，因此许多院校的理工科专业均开设了计算机辅助设计系列课程，并将其贯穿于工程制图课程、课程设计及毕业设计等教学环节。AutoCAD 软件具有性能优越、易于掌握、使用方便及体系结构开放等优点，因此深受广大工程技术人员的欢迎。鉴于此，本书使用 AutoCAD 中文版软件来介绍计算机辅助设计的方法。

　　本书是在 2019 年出版的丁晓影主编《AutoCAD 上机实验指导书》的基础上，根据近几年的课程改革要求及使用学校的意见修订而成的。本书内容由易到难，由简到繁，循序渐进，以 AutoCAD 软件的实际操作为主线，通过 9 个实验详细介绍软件的使用方法与技巧，以及如何使用 AutoCAD 完成机械零件图、装配图、建筑工程图的绘制。大部分实验后附有课后练习题，便于课后对实验内容进行巩固与提高。本书主要面向理工类各专业的学生，是介绍计算机绘图方法以及安排上机实践操作的普及性书籍。本次修订主要是在上一版的基础上，丰富了坐标输入法、图框设置等相关内容，为了便于学生自学及教师授课，制作了大量典型图样的绘图讲解视频，可通过扫描相应图样旁的二维码进行浏览学习。

　　本书由上海应用技术大学丁晓影任主编，由叶卫东任副主编。上海理工大学朱文博教授审阅了本书，并提出了许多宝贵意见。在编写过程中，编者还参考了许多专家、学者的著作，在此一并表示衷心的感谢。

　　由于编者水平有限，书中错误及不妥之处在所难免，恳请广大读者批评指正。

编者

2024 年 9 月

# 第1版前言

随着科学技术的进步及计算机应用技术的飞速发展，计算机辅助设计在很多领域得到了广泛应用，计算机绘图已成为一项重要的工程技术。对于进行理工科专业学习的学生，掌握并提高计算机辅助设计的水平，可以为将来可能从事的工程设计工作打下坚实的基础，极大地提高其设计效率及工作质量，因此许多院校的理工科专业均开设了计算机辅助设计系列课程，并将其贯穿于工程制图课程、课程设计及毕业设计等教学环节。AutoCAD 软件具有性能优越、易于掌握、使用方便及体系结构开放等优点，因此深受广大工程技术人员的欢迎。鉴于此，本书以 AutoCAD 中文版软件的使用来介绍计算机辅助设计的方法。

本书内容由易到难，由简到繁，循序渐进，以 AutoCAD 软件的实际操作为主线，通过 9 个实验详细介绍软件的使用方法与技巧，以及如何使用 AutoCAD 完成机械零件图、装配图、建筑工程图样的绘制。大部分实验后附有课后练习题，便于课后对实验内容进行巩固与提高。本书主要面向理工类各专业的学生，是介绍计算机绘图以及安排上机实践操作的普及性书籍。

本书由上海应用技术大学丁晓影任主编，由叶卫东、乐天明任副主编。另外，在本书的编写过程中，王慧艺老师也给予了大力支持。广东工业大学莫春柳教授审阅了本书，并提出了许多宝贵意见。在编写过程中，编者还参考了许多专家、学者的著作。在此一并表示衷心的感谢。

由于编者水平有限，书中错误及不妥之处在所难免，恳请广大读者批评指正。

编者

2019 年 5 月

# 目　录

# AutoCAD 的基本操作（一）

## 一、实验目的

1. 掌握 AutoCAD 软件的启动、退出等操作方法。

2. 熟悉 AutoCAD 的用户界面，掌握命令输入方式。

3. 掌握绘制一个简单图形的操作步骤及点坐标输入方法，学习并掌握选择和设置作图初始环境的步骤，熟悉并掌握点坐标的输入方法和画直线、画圆、画圆弧及辅助绘图等命令的使用方法。

## 二、实验要求

1. 掌握 AutoCAD 软件的启动和退出方法，以及命令输入方式。

2. 按作图内容，参照指导步骤独立绘制图 1.1、图 1.2、图 1.3、图 1.4，尺寸均不标注。

3. 完成作图后，以"图 1.1"~"图 1.4"为文件名保存在自备 U 盘上。

4. 总结体会上机作图过程，完成课后练习题。

## 三、使用的命令及功能

新建文件（New）、打开文件（Open）、保存（Save）、终止（Esc）、重复（Redo）、取消（Undo）、退出（Quit）、图形界限（Limits）、直线（Line）、圆（Circle）、圆弧（Arc）命令，点坐标输入方法及辅助绘图功能等介绍。

## 四、实验内容及指导

［例题 1-1］启动 AutoCAD 及文件操作。

1. 启动 AutoCAD。

启动 AutoCAD 通常采用以下两种方式：

（1）双击桌面上的 AutoCAD 快捷图标。

（2）从计算机"开始"程序菜单的"Autodesk"子菜单中单击 AutoCAD。

2. 熟悉用户界面。

用户界面包括标题栏、菜单栏、功能区选项板（或工具栏）、绘图区、命令提示行、状态栏、光标、文本窗口、滚动条、工具选项板等部分。

3. 文件操作。

（1）单击"标准"工具栏"新建"按钮或选择"文件（F）"菜单中"新建（N）"命令，弹出"选择样板"对话框。在样板文件列表中，acad.dwt 是英制样板文件，栅格显示区域大小为 12×9；acadiso.dwt 是米制样板文件，栅格显示区域大小为 420×297。选择适当的样板文件创建新文件。

（2）单击"标准"工具栏中"打开"按钮或选择"文件（F）"菜单中"打开（O）"命令，打开已有图形文件。

（3）单击"标准"工具栏中"保存"按钮或选择"文件（F）"菜单中"另存为（A）"命令，在弹出的"另存为"对话框的"文件名"文本框中输入新的文件名，单击"保存"按钮。（注意：可以通过选择保存文件的类型，将当前图形文件保存为低版本的图形文件。）

（4）选择"文件（F）"菜单中"退出（X）"命令或单击软件界面右上角的"关闭"按钮，退出 AutoCAD。

[例题 1-2] 练习绘制直线，熟悉点的坐标输入方式，见图 1.1、图 1.2、图 1.3 和图 1.4。

1. 利用"直线（Line）"命令，结合点的绝对坐标输入法按逆时针方向绘制如图 1.1 所示图形。操作步骤如下：

命令：Line↙（↙代表按回车键，后文同）
指定第一点：20，100↙
指定下一点或［放弃（U）］：120，100↙
指定下一点或［放弃（U）］：120，180↙
指定下一点或［闭合（C）/放弃（U）］：70，180↙
指定下一点或［闭合（C）/放弃（U）］：70，140↙
指定下一点或［闭合（C）/放弃（U）］：20，140↙
指定下一点或［闭合（C）/放弃（U）］：C↙

注意：① 输入坐标时，$X$ 坐标和 $Y$ 坐标间的分隔符"，"必须为英文逗号。② 采用绝对直角坐标绘图时，需关闭"动态输入"功能。

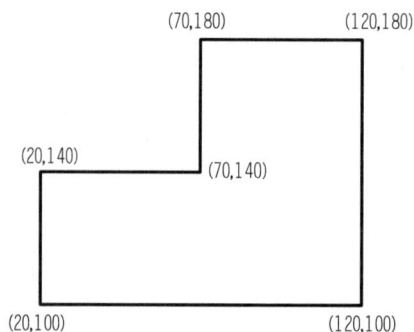

图 1.1 绘制过程

图 1.1

2. 利用"直线（Line）"命令，结合点的相对坐标输入法按逆时针方向绘制如图1.2 所示的图形。操作步骤如下：

命令：Line↙

指定第一点：150，100↙

指定下一点或［放弃（U）］：@100，0↙

指定下一点或［放弃（U）］：@0，80↙

指定下一点或［闭合（C）/放弃（U）］：@-50，0↙

指定下一点或［闭合（C）/放弃（U）］：@-50，-50↙

指定下一点或［闭合（C）/放弃（U）］：C↙

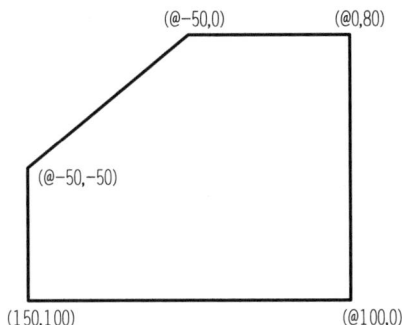

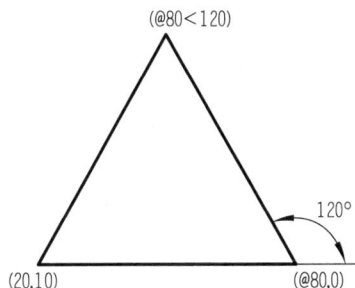

图1.2 绘制过程

图1.2

3. 利用"直线（Line）"命令，结合点的相对坐标输入法和极坐标输入法按逆时针方向绘制如图1.3 所示的图形。操作步骤如下：

命令：Line↙

指定第一点：20，10↙

指定下一点或［放弃（U）］：@80，0↙

指定下一点或［放弃（U）］：@80<120↙

指定下一点或［闭合（C）/放弃（U）］：C↙

图1.3 绘制过程

图1.3

4. 开启极轴追踪（或正交模式）、对象捕捉和对象捕捉追踪功能，掌握快速绘制直线型图形的方法。请按图中尺寸自行绘制如图1.4 所示的图形，起始点坐标自定。

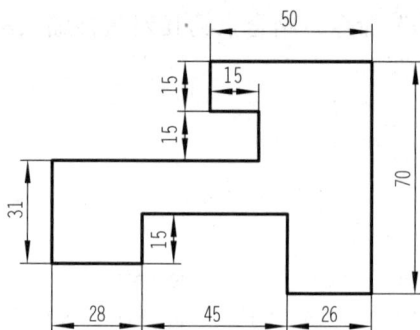

图 1.4 绘制过程

图 1.4

[例题 1-3] 综合练习。

1. 启动 AutoCAD 软件系统进入作图环境，并创建图形文件。

启动 AutoCAD 后，检查栅格显示区域的大小，确定是否进入了所需的米制作图环境（或英制作图环境）。若否，则在关闭当前样板文件后，单击"新建"按钮打开"选择样板"对话框，选择米制样板文件"acadiso.dwt"并单击"打开"按钮进入米制作图环境。

选择"文件（F）"菜单中"另存为（A）"命令，将文件命名为"图 1.5"并保存到文件夹"学号 - 姓名"中。

2. 设置图形的初始环境。

（1）设置绘图边界

在命令提示行中输入"Limits"并按回车键（或选择下拉式菜单"格式（O）→图形界限（I）"命令）。在命令提示区"指定左下角点或［开（ON）/关（OFF）］<0.0000，0.0000>:"后输入"0, 0"并按回车键；在提示"指定右上角点<××××，××××>:"后输入"280，200"并按回车键。

用"缩放（Zoom）"命令中的"全部（A）"项，使屏幕显示"Limits"命令所设定的区域（或通过下拉式菜单"视图（V）→缩放（Z）→全部（A）"命令实现）。

（2）设置光标捕捉 X 轴和 Y 轴的间距及屏幕栅格点同 X 轴和 Y 轴的间距

选择下拉式菜单"工具（T）→绘图设置（F）"命令，在"草图设置"对话框的"捕捉和栅格"选项卡中，将"捕捉 X 轴间距（P）"设为"5"，"捕捉 Y 轴间距（C）"设为"5"，"栅格 X 轴间距（N）"设为"5"，"栅格 Y 轴间距（I）"设为"5"。

（3）查看设置效果

① 观察状态栏左边的光标坐标值是否为整数。

② 单击状态栏上的"栅格显示"按钮，使屏幕显示栅格点。移动光标，观察状态栏左下角坐标值变化，观察栅格点显示区域的大小是否与设置的图形界限一致。

③ 单击状态栏上的"对象捕捉"图标按钮即开启光标捕捉功能。移动光标，观察与关闭光标捕捉功能时的差异，思考其作用。

3. 保存。

选择下拉式菜单"文件（F）→保存（S）"命令（或"另存为（A）"命令）。

4. 绘制如图 1.5 所示的图形。

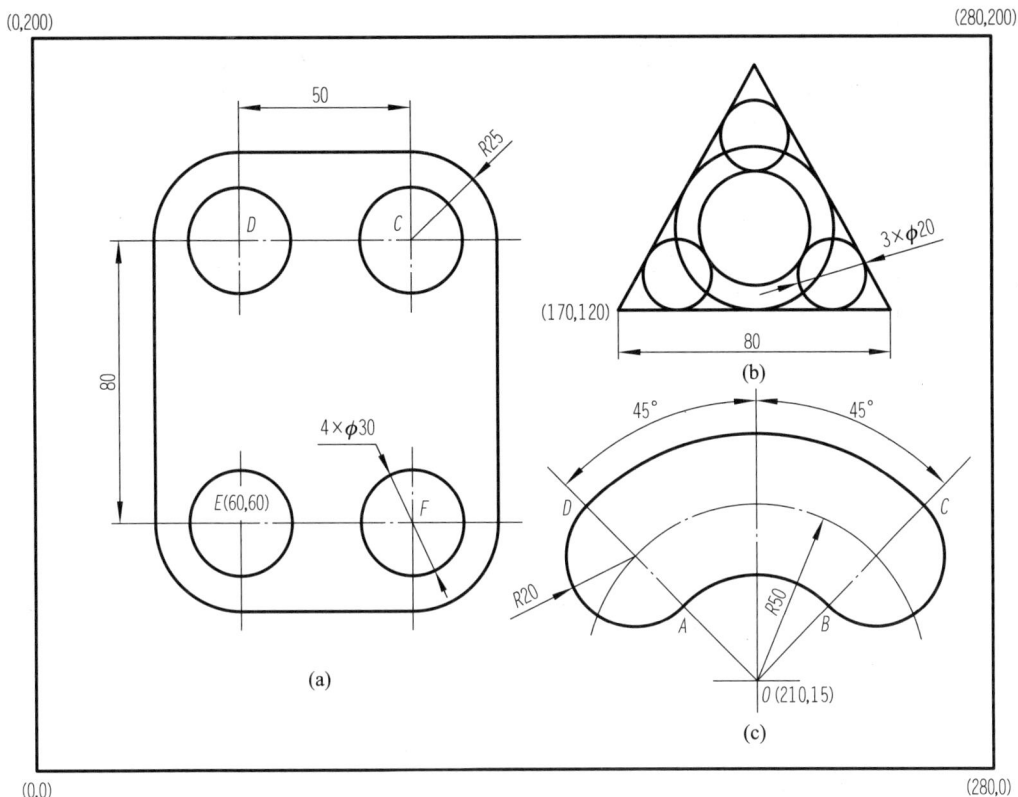

图 1.5

（1）画图框及标题栏。

在命令提示行中输入"Line"并按回车键［或采用下拉式菜单"绘图（D）→直线（L）"命令］，接下来按命令提示输入图框四个顶点的坐标：（0，0）、（0，200）、（280，200）、（280，0）。

图 1.5 绘制过程

（2）画图 1.5a。

绘图步骤如下：

① 画四个圆［"圆（Circle）"命令］。画圆 E：在命令提示行输入"Circle"，按提示输入圆心坐标（60，60）和半径 15。输入如图 1.6 所示的坐标（根据图 1.5a 中的尺寸计算得到）或使用极轴追踪和对象捕捉追踪功能画圆 F、圆 C、圆 D。结果见图 1.6。

② 画直线。建议使用极轴追踪和对象捕捉追踪功能绘制各条直线。若通过输入坐标绘制直线，对应坐标请自行计算。结果见图 1.7。

③ 画圆弧（用"圆心、起点、端点"的方式画圆弧）。选择图 1.8 中点 1 为圆心、点 2 为起点、点 3 为端点绘制圆弧。用以上方法依次画出其余圆弧段。注意：用"圆心、起点、端点"的方式画圆弧，绘制的是由起点按逆时针方向到端点的圆弧。结果如图 1.8 所示。

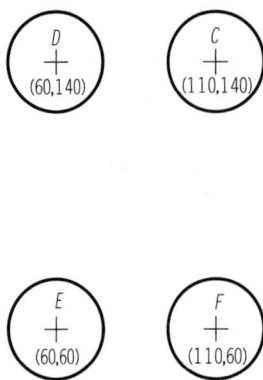

图 1.6

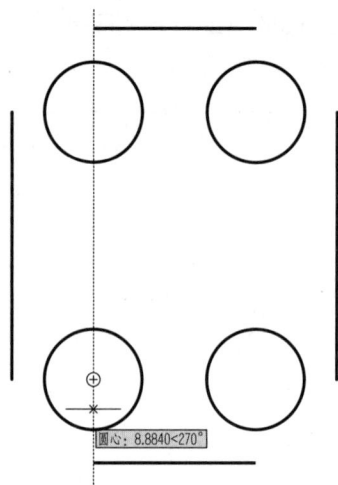

图 1.7

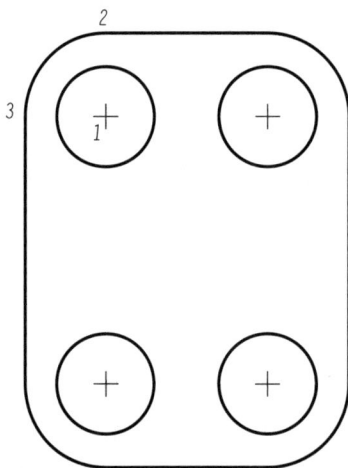

图 1.8

（3）画图 1.5b。

绘图步骤如下（图 1.9）：

① 采用"直线（Line）"命令绘制等边三角形。

② 采用"圆（Circle）"命令绘制三个 $\phi20$ 小圆。采用下拉式菜单"绘图（D）→圆（C）→相切、相切、半径（T）"方式，每个圆分别与等边三角形的两条边相切，半径为 10。

③ 绘制中间大圆（与等边三角形的三条边均相切），采用下拉式菜单"绘图（D）→圆（C）→相切、相切、相切（A）"方式，分别选择与等边三角形的三条边相切。

④ 绘制中间小圆（与三小圆相切），方式同上，分别选择与三小圆相切。

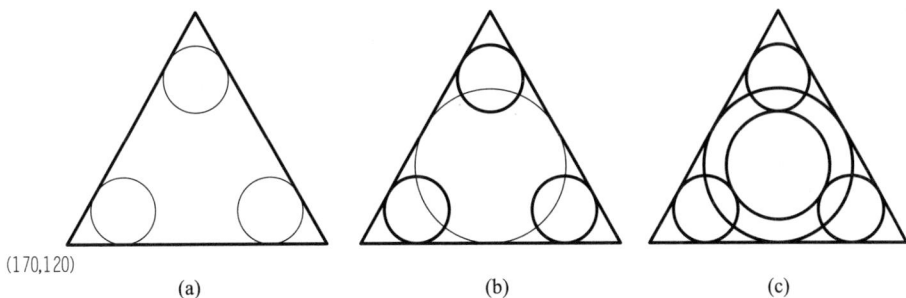

(170,120)

(a)　　　　　　　　　　　　(b)　　　　　　　　　　　　(c)

图 1.9

（4）画图 1.5c。

绘图步骤如下（图 1.10）：

① 画基准线、定位线（此题中用实线替代点画线）。

② 画圆弧或画圆。

③ 修剪。

④ 清理（删除辅助线，此题不用绘制点画线）。

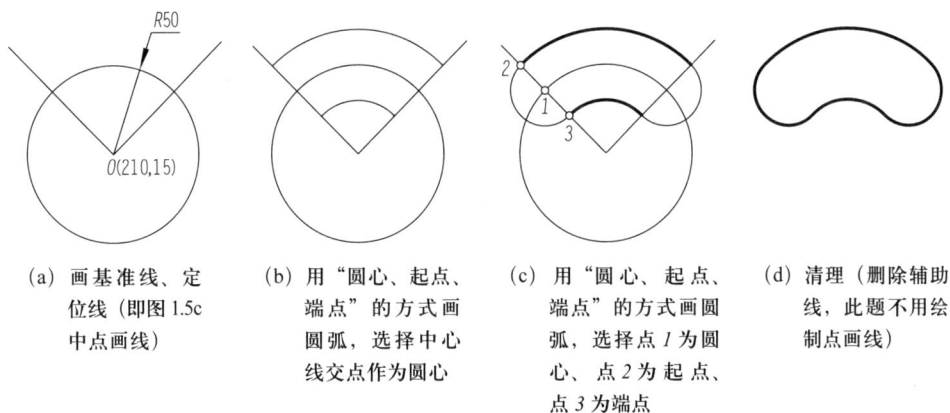

（a）画基准线、定　　（b）用"圆心、起点、　　（c）用"圆心、起点、　　（d）清理（删除辅助
　　位线（即图1.5c　　　　端点"的方式画　　　　端点"的方式画圆　　　　线，此题不用绘
　　中点画线）　　　　　　圆弧，选择中心　　　　弧，选择点1为圆　　　　制点画线）
　　　　　　　　　　　　线交点作为圆心　　　　心、点2为起点、
　　　　　　　　　　　　　　　　　　　　　　　　点3为端点

图 1.10

（5）保存。

采用下拉式菜单"文件（F）→保存（S）"命令保存文件。

# 五、课后练习题

1. 用快速绘制直线的方法绘制如图 1.11 所示的图形。
2. 用坐标输入法绘制如图 1.12 所示的图形。（图中中心线可省略不画）

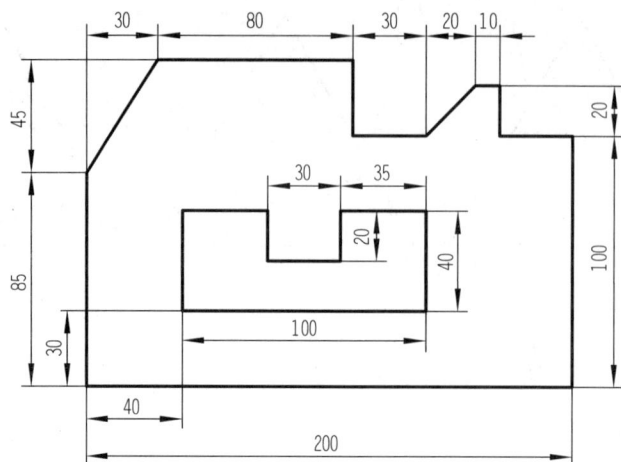

图 1.11

▶图 1.11 及
图 1.12 绘制过程

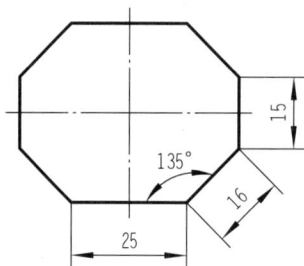

图 1.12

# AutoCAD 的基本操作（二）

## 一、实验目的

1. 掌握建立新图形文件的方法。
2. 掌握简单图形的绘制命令及其操作步骤，学习作图初始环境的设置方法及辅助绘图功能的使用方法等。
3. 熟悉图层、对象特性的含义，能正确设置对象特性并绘制图形。
4. 熟悉并掌握图形显示控制的方法。

## 二、实验要求

1. 按实验内容，参照指导步骤绘制图形，尺寸均不标注。
2. 完成作图后分别以"图 2.1""图 2.2""图 2.4""图 2.6、图 2.7""图 2.10"为文件名保存在自备 U 盘上。
3. 体会总结上机作图过程，完成课后练习题。

## 三、使用的命令及功能

绘图命令：多段线（Pline）、椭圆（Ellipse）、矩形（Rectang）、圆弧（Arc）、多边形（Polygon）等；编辑命令：复制（Copy）、偏移（Offset）、修剪（Trim）、延伸（Extend）、打断（Break）等；格式菜单命令：图层（Layer）；辅助绘图功能：对象捕捉、对象捕捉追踪、极轴追踪等；点坐标输入方法等。

## 四、实验内容及指导

[例题 2-1] 练习"矩形（Rectang）"命令的使用方法，掌握图层设置及使用方法，见图 2.1。要求：所绘矩形分别为不同颜色，最外边矩形的线宽为 0.5 mm，其他矩形线宽为默认值（默认线宽为 0.25 mm）。

绘图步骤如下：

（1）按图 2.1b 所示设置图层。

（2）将"粗实线"层设为当前层，用"矩形（Rectang）"命令绘制第一个矩形，矩

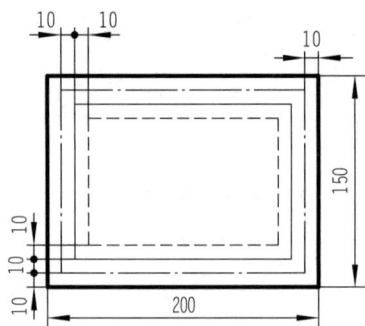

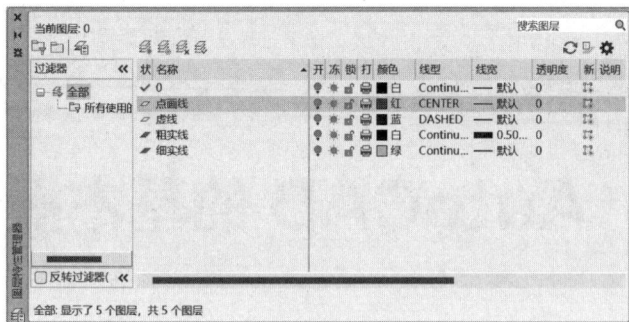

(a)                                          (b)

图 2.1

形尺寸为 200×150。

（3）选择"偏移（Offset）"命令，输入偏移距离 10，选取上一步绘制好的第一个矩形作为偏移对象，用鼠标向矩形内点取一点确定偏移方向，完成第二个矩形的绘制。采用相同的方法，用"偏移（Offset）"命令完成第三、第四个矩形的绘制。

图 2.1 绘制过程

（4）将第二个矩形转换到"点画线"层，将第三个矩形转换到"细实线"层，将第四个矩形转换到"虚线"层。

[例题 2-2] 练习正多边形、圆的作图方法，见图 2.2。

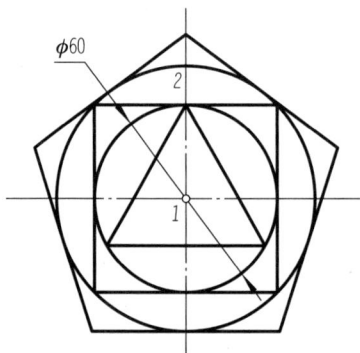

图 2.2

图 2.2 绘制过程

绘图步骤如下：

（1）设置图形界限，左下角点坐标为（0，0），右上角点坐标为（150，150）。

（2）按下表设置图层：

| 层名 | 颜色 | 线型 | 线宽 |
| --- | --- | --- | --- |
| 0 | 7（白/黑） | Continuous | 默认 |
| 粗实线 | 7（白/黑） | Continuous | 0.5 mm |
| 中心线 | 1（红色） | CENTER | 默认 |

（3）设置线型比例：选择下拉式菜单"格式（O）→线型（N）"命令打开"线型管理器"对话框，单击"显示细节（D）"按钮，在"详细信息"栏中的"全局比例因子（G）"文本框中输入线型比例0.3。

（4）具体的作图步骤如图2.3所示。

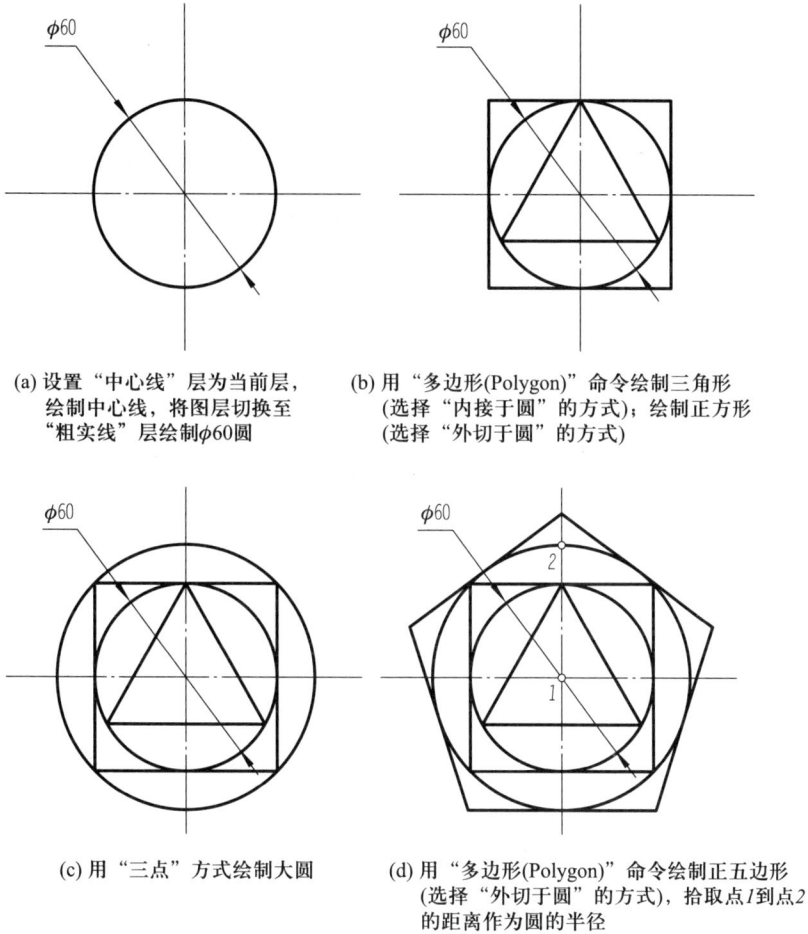

(a) 设置"中心线"层为当前层，绘制中心线，将图层切换至"粗实线"层绘制φ60圆

(b) 用"多边形(Polygon)"命令绘制三角形（选择"内接于圆"的方式）；绘制正方形（选择"外切于圆"的方式）

(c) 用"三点"方式绘制大圆

(d) 用"多边形(Polygon)"命令绘制正五边形（选择"外切于圆"的方式），拾取点1到点2的距离作为圆的半径

图 2.3

[**例题 2-3**] 练习正多边形、切线、圆的作图方法，见图2.4。

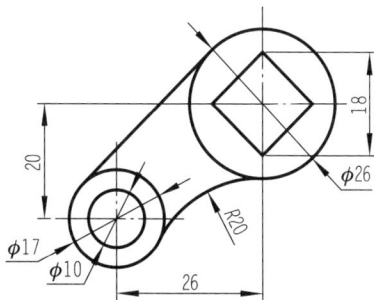

图 2.4

图 2.4 绘制过程

绘图步骤如下:

(1)设置图形界限,左下角点坐标为(0,0),右上角点坐标为(80,80)。

(2)按下表设置图层:

| 层名 | 颜色 | 线型 | 线宽 |
|------|------|------|------|
| 0 | 7(白/黑) | Continuous | 默认 |
| 粗实线 | 7(白/黑) | Continuous | 0.5 mm |
| 中心线 | 1(红色) | CENTER | 默认 |

(3)设置线型比例:选择下拉式菜单"格式(O)→线型(N)"命令打开"线型管理器"对话框,单击"显示细节(D)"按钮,在"详细信息"栏中的"全局比例因子(G)"文本框中输入线型比例0.3。

(4)具体的作图步骤如图2.5所示。

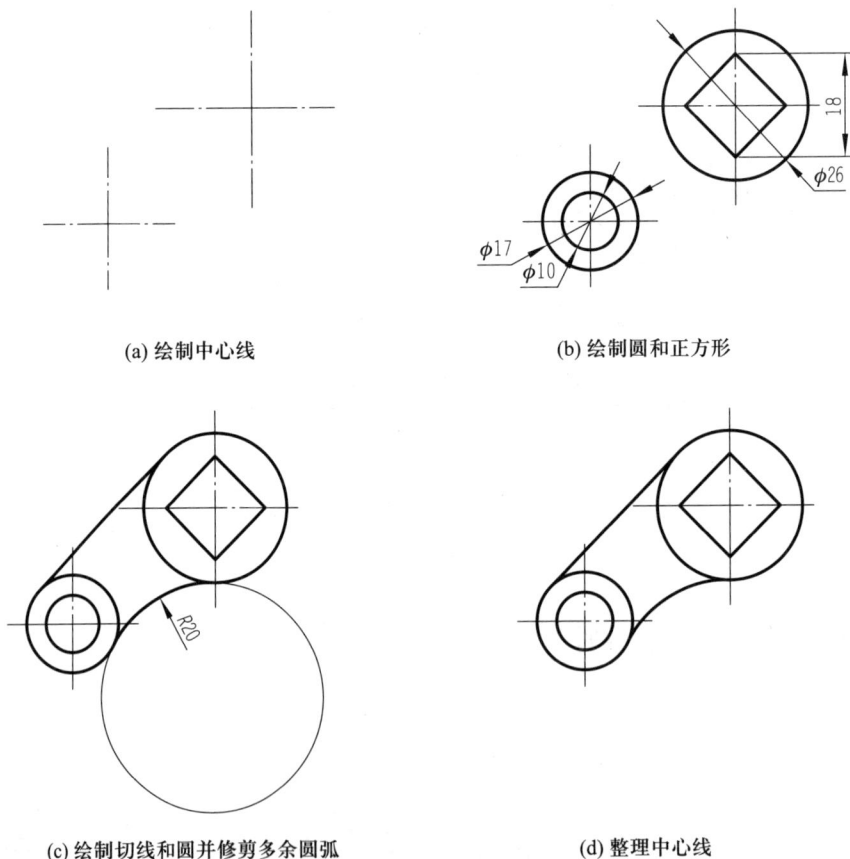

(a) 绘制中心线

(b) 绘制圆和正方形

(c) 绘制切线和圆并修剪多余圆弧

(d) 整理中心线

图2.5

[例题2-4]练习使用偏移、环形及矩形阵列命令绘制图形的方法,见图2.6、图2.7。

绘图步骤如下:

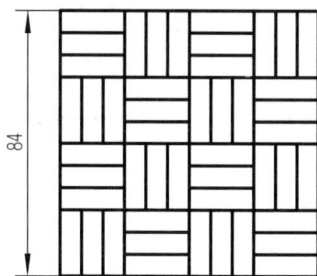

图 2.6

图 2.6 绘制过程

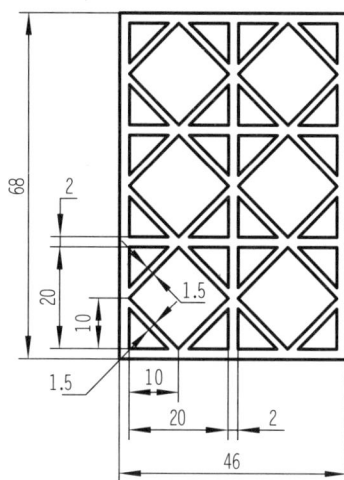

图 2.7

图 2.7 绘制过程

（1）设置图形界限，左下角点坐标为（0，0），右上角点坐标为（200，200）。

（2）按下表设置图层：

| 层名 | 颜色 | 线型 | 线宽 |
|------|------|------|------|
| 0 | 7（白 / 黑） | Continuous | 默认 |
| 粗实线 | 7（白 / 黑） | Continuous | 0.5 mm |
| 中心线 | 1（红色） | CENTER | 默认 |

（3）设置线型比例：选择下拉式菜单"格式（O）→线型（N）"命令打开"线型管理器"对话框，单击"显示细节（D）"按钮，在"详细信息"栏中的"全局比例因子"文本框中输入线型比例 0.3。

（4）图 2.6 具体的作图步骤如图 2.8 所示。

（5）图 2.7 具体的作图步骤如图 2.9 所示。

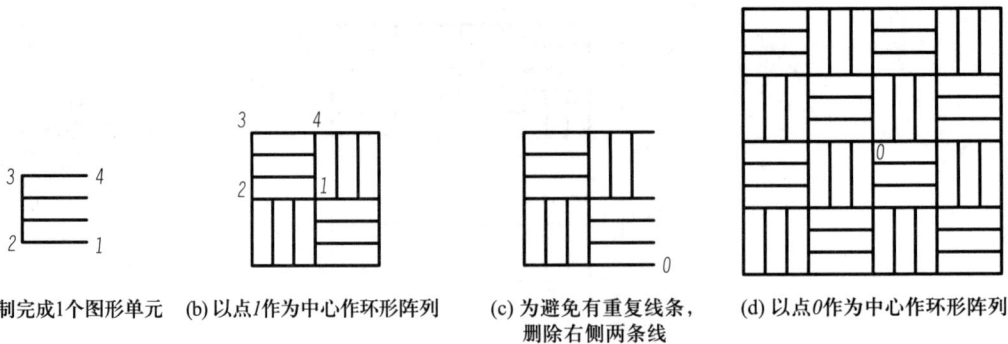

(a) 绘制完成1个图形单元　　(b) 以点1作为中心作环形阵列　　(c) 为避免有重复线条，　　(d) 以点0作为中心作环形阵列
删除右侧两条线

图 2.8

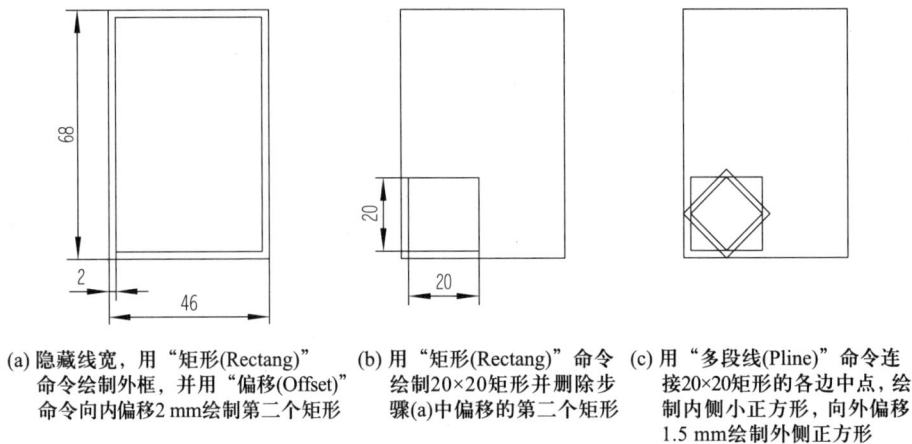

(a) 隐藏线宽，用"矩形(Rectang)"　　(b) 用"矩形(Rectang)"命令　　(c) 用"多段线(Pline)"命令连
命令绘制外框，并用"偏移(Offset)"　　绘制20×20矩形并删除步　　接20×20矩形的各边中点，绘
命令向内偏移2 mm绘制第二个矩形　　骤(a)中偏移的第二个矩形　　制内侧小正方形，向外偏移
　　　　　　　　　　　　　　　　　　　　　　　　　　　　　　　　1.5 mm绘制外侧正方形

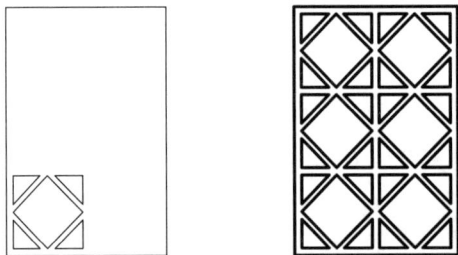

(d) 用"修剪(Trim)"命令修剪　　(e) 用"矩形阵列(Arrayrect)"命令
得到此图形　　　　　　　　完成3行2列阵列图形并开启线
　　　　　　　　　　　　　宽显示功能

图 2.9

[例题 2-5] 综合练习，见图 2.10。

1. 按要求设置绘图环境。

（1）设置图形界限，左下角点坐标为（0，0），右上角点坐标为（280，200）。

（2）按下表设置图层：

| 层名 | 颜色 | 线型 | 线宽 |
| --- | --- | --- | --- |
| 0 | 7（白／黑） | Continuous | 默认 |
| 粗实线 | 7（白／黑） | Continuous | 0.5 mm |
| 中心线 | 1（红色） | CENTER | 默认 |

AutoCAD 上机实验指导书

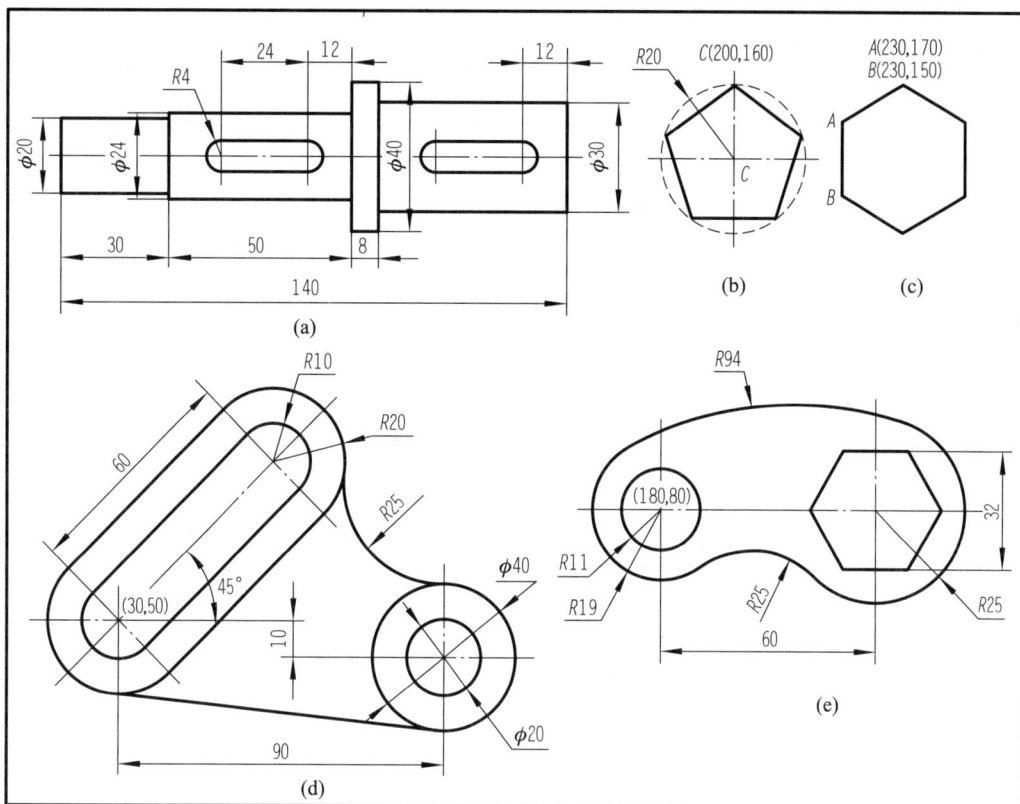

图 2.10

（3）设置线型比例：选择下拉式菜单"格式（O）→线型（N）"命令打开"线型管理器"对话框，单击"显示细节（D）"按钮，在"详细信息"栏的"全局比例因子（G）"文本框中输入线型比例0.3。

图 2.10 绘制过程

（4）选择下拉式菜单"文件（F）→另存为（A）"命令，将文件命名为"图 2.10"并保存到"学号 – 姓名"文件夹中。

2. 绘制边框及标题栏。

画直线框［可用"直线（Line）"命令或"矩形（Rectang）"命令］，直线框四顶点的坐标与图 1.5 中的相同。

3. 绘制图 2.10a，作图步骤如下。

（1）绘制图 2.10a 中的轴，作图步骤见图 2.11。

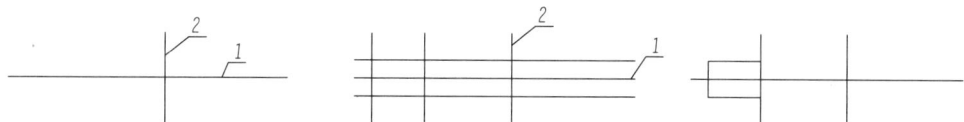

（a）画作图基准线。水平线 1 端点坐标：（10，160）和（170，160），竖直线 2 端点坐标：（100，190）和（100，130）

（b）用"偏移（Offset）"命令平行复制直线。水平线：复制线 1，间距为10，上下各一条；竖直线：依次往左复制线 2，间距分别为50和30

（c）用"修剪（Trim）"命令修剪多余线条

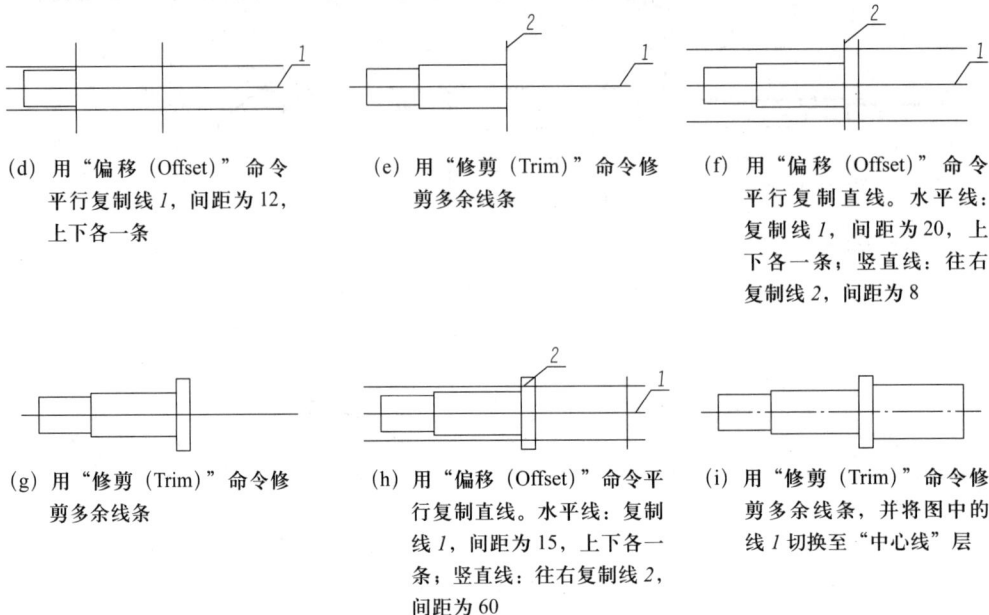

(d) 用"偏移（Offset）"命令
平行复制线 1，间距为 12，
上下各一条

(e) 用"修剪（Trim）"命令修
剪多余线条

(f) 用"偏移（Offset）"命令
平行复制直线。水平线：
复制线 1，间距为 20，上
下各一条；竖直线：往右
复制线 2，间距为 8

(g) 用"修剪（Trim）"命令修
剪多余线条

(h) 用"偏移（Offset）"命令平
行复制直线。水平线：复制
线 1，间距为 15，上下各一
条；竖直线：往右复制线 2，
间距为 60

(i) 用"修剪（Trim）"命令修
剪多余线条，并将图中的
线 1 切换至"中心线"层

图 2.11

（2）画图 2.10a 中的左键槽，见图 2.12（先选择下拉式菜单"视图（V）→缩放（Z）→窗口（W）"命令将左键槽部位放大）。

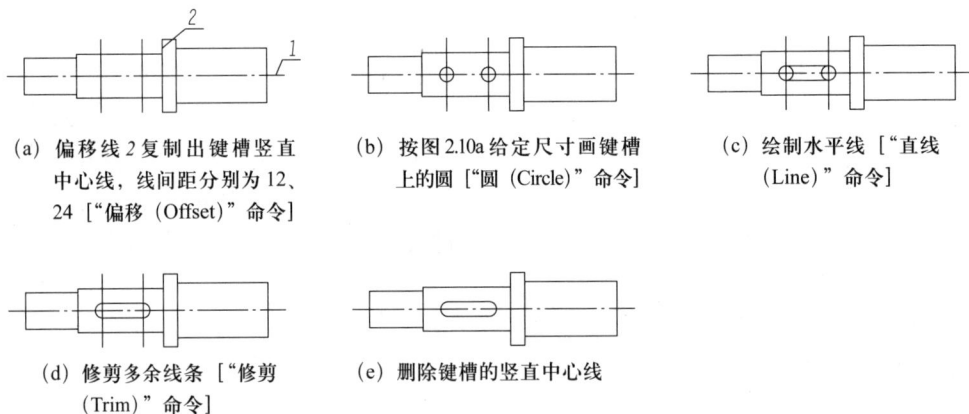

(a) 偏移线 2 复制出键槽竖直
中心线，线间距分别为 12、
24 ["偏移（Offset）"命令]

(b) 按图 2.10a 给定尺寸画键槽
上的圆 ["圆（Circle）"命令]

(c) 绘制水平线 ["直线
（Line）"命令]

(d) 修剪多余线条 ["修剪
（Trim）"命令]

(e) 删除键槽的竖直中心线

图 2.12

（3）画图 2.10a 中的右键槽。先选择下拉式菜单"视图→缩放（Z）→全部（A）"命令将视图复原。再用"复制（Copy）"命令复制左键槽，选择左键槽左端圆弧的圆心为基点，水平移动的相对距离设为 60。最后将细实线图形内容转换到"粗实线"层，结果如图 2.13 所示。

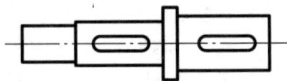

图 2.13

AutoCAD 上机实验指导书

4. 绘制图2.10b的正五边形。

采用"多边形（Polygon）"命令绘制正五边形。正五边形的中心为点C(200，160)，采用与圆内接的方式绘图，圆半径为20。绘图结果如图2.14所示。

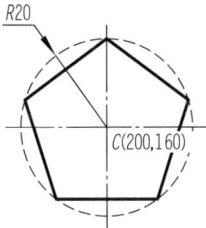

5. 绘制图2.10c的正六边形。

采用"多边形（Polygon）"命令绘制正六边形，选择边长方式。边长第一点A的坐标为（230，170），第二点B的坐标为（230，150）。绘图结果如图2.15所示。

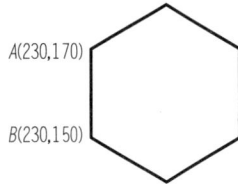

图2.14

图2.15

6. 绘制图2.10d。

按图2.10d中所示的尺寸画图，长圆槽的左下端圆弧中心坐标为（30，50）。绘制过程及提示如图2.16所示。

(a) 用"直线（Line）"命令画水平线和左竖直线；用"偏移（Offset）"命令偏移出右竖直线，两竖直线间的距离为60

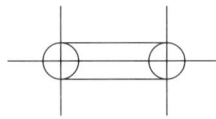

(b) 用"圆（Circle）"命令画两个圆，圆心为捕捉到的交点；执行"直线（Line）"命令，捕捉左、右两个圆与竖直线的交点作为直线端点画直线

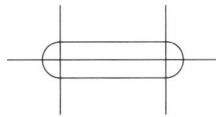

(c) 用"修剪（Trim）"命令修剪圆至与水平线相切处

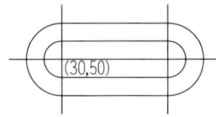

(d) 用"偏移（Offset）"命令，以偏移距离10画外圈轮廓；用"移动（Move）"命令将左圆心移到坐标（30，50）处

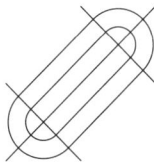

(e) 用"旋转（Rotate）"命令旋转图形。捕捉左下方圆心作为基点，旋转角度为45°

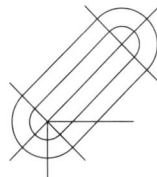

(f) 开启极轴追踪功能，用"直线（Line）"命令过圆心分别画水平线和竖直线

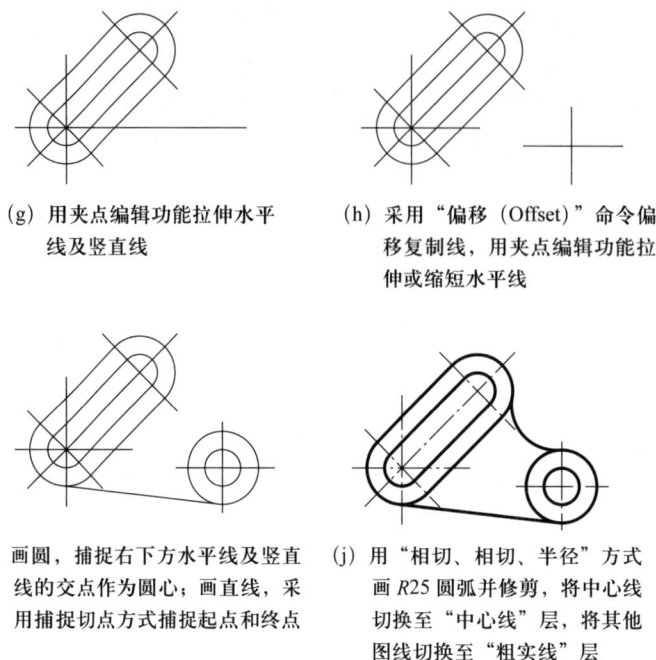

(g) 用夹点编辑功能拉伸水平
　　线及竖直线

(h) 采用"偏移（Offset）"命令偏
　　移复制线，用夹点编辑功能拉
　　伸或缩短水平线

(i) 画圆，捕捉右下方水平线及竖直
　　线的交点作为圆心；画直线，采
　　用捕捉切点方式捕捉起点和终点

(j) 用"相切、相切、半径"方式
　　画 R25 圆弧并修剪，将中心线
　　切换至"中心线"层，将其他
　　图线切换至"粗实线"层

图 2.16

7. 绘制图 2.10e。

按图 2.10e 中的尺寸绘制图形，长圆槽左端圆的圆心坐标为（180，80）。绘图过程
及提示如图 2.17 所示。

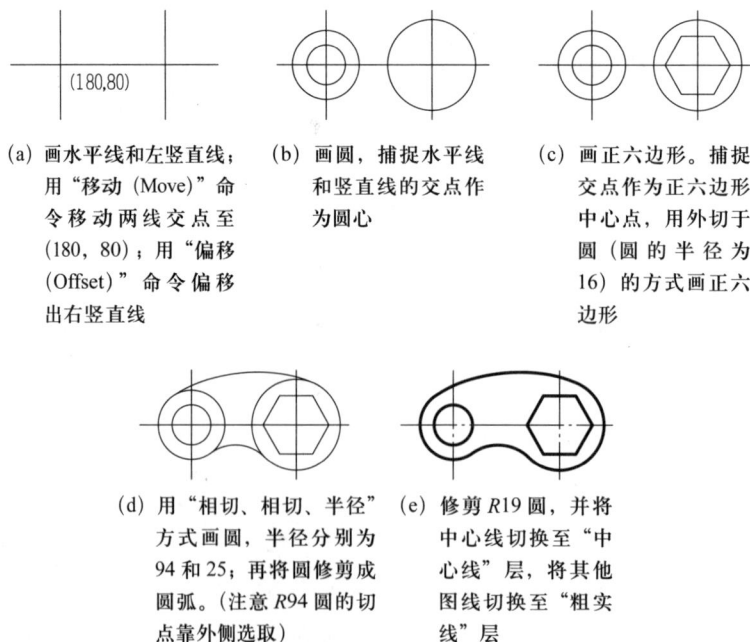

(a) 画水平线和左竖直线；
　　用"移动（Move）"命
　　令移动两线交点至
　　（180，80）；用"偏移
　　（Offset）"命令偏移
　　出右竖直线

(b) 画圆，捕捉水平线
　　和竖直线的交点作
　　为圆心

(c) 画正六边形。捕捉
　　交点作为正六边形
　　中心点，用外切于
　　圆（圆的半径为
　　16）的方式画正六
　　边形

(d) 用"相切、相切、半径"
　　方式画圆，半径分别为
　　94 和 25；再将圆修剪成
　　圆弧。（注意 R94 圆的切
　　点靠外侧选取）

(e) 修剪 R19 圆，并将
　　中心线切换至"中
　　心线"层，将其他
　　图线切换至"粗实
　　线"层

图 2.17

8. 保存。

选择下拉式菜单"文件（F）→保存（S）"命令保存文件。

## 五、课后练习题

按图中尺寸绘制如图 2.18、图 2.19、图 2.20 所示的平面图形。

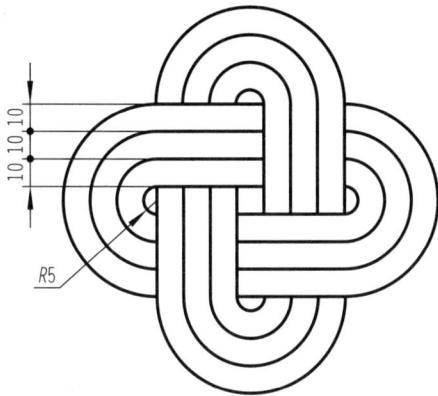

图 2.18

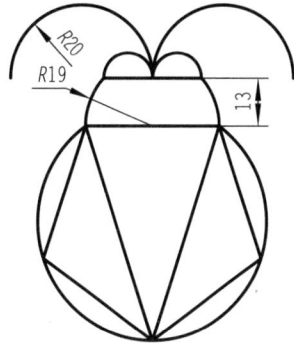

图 2.19

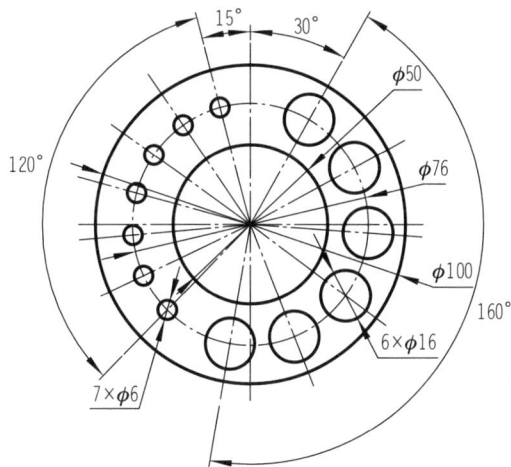

图 2.20

图 2.18、图 2.19
和图 2.20 绘制
过程

# 实验三

# 绘制平面图形

## ✦ 一、实验目的

1. 根据制图的基本知识正确绘制平面图形。
2. 熟悉 AutoCAD 二维绘图与编辑命令。
3. 掌握绘图环境设置、图形显示控制的方法。

## ✦ 二、实验要求

1. 按作图内容，参照指导步骤绘制图形，尺寸均不标注（绘图指导视频中的尺寸标注内容可作为选学内容）。
2. 完成作图后分别以"图 3.1""图 3.3"~"图 3.8"为文件名保存在自备 U 盘上。
3. 体会总结上机作图过程，完成课后练习题。

## ✦ 三、使用的命令及功能

绘图命令：直线（Line）、圆（Circle）、矩形（Rectang）、圆弧（Arc）、多边形（Polygon）、多段线（Pline）等；编辑命令：复制（Copy）、偏移（Offset）、修剪（Trim）、延伸（Extend）、打断（Break）等；辅助绘图功能：对象捕捉、对象捕捉追踪、极轴追踪等；图形显示控制命令等。

## ✦ 四、实验内容及指导

［例题 3–1］绘制基本图形，见图 3.1。

绘制图 3.1，练习绘图命令：圆（Circle）、直线（Line）、圆弧（Arc）；编辑命令：偏移（Offset）、修剪（Trim）、延伸（Extend）、打断（Break）、圆角（Fillet）、倒角（Chamfer）；辅助绘图功能：对象捕捉、对象捕捉追踪、极轴追踪等。

绘图步骤如下：

（1）新建文件，选择米制模板文件。选择下拉式菜单"文件"（F）→另存为（A）"命令，将文件命名为"图 3.1"，并将文件保存到"学号 – 姓名"文件夹中。

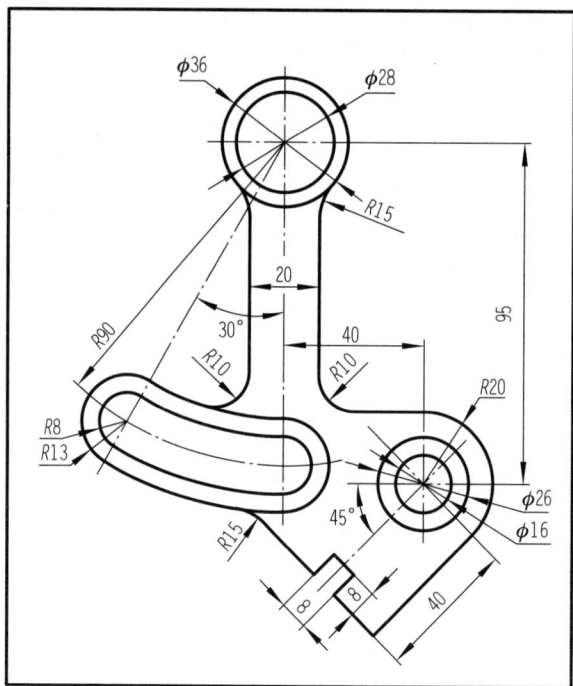

图 3.1

图 3.1 中图形的
绘制过程

图 3.1 中的尺寸
标注

（2）按下表设置图层：

| 层名 | 颜色 | 线型 | 线宽 |
| --- | --- | --- | --- |
| 0 | 7（白 / 黑） | Continuous | 默认 |
| 尺寸标注 | 5（蓝色） | Continuous | 默认 |
| 粗实线 | 7（白 / 黑） | Continuous | 0.5 mm |
| 中心线 | 1（红色） | CENTER | 默认 |

（3）设置线型比例：选择下拉式菜单"格式（O）→线型（N）"命令，打开"线型管理器"对话框，单击"显示细节（D）"按钮，在"详细信息"栏的"全局比例因子（G）"文本框中输入线型比例 0.3。

（4）按图 3.2 的作图步骤及提示作图。尺寸标注步骤参阅视频。

（5）完成作图后，选择下拉式菜单"文件（F）→保存（S）"命令保存文件。

## 🖰 五、课后练习题

绘制以下基本图形：

1. 绘制图 3.3 所示的图形，图形界限为（150，200），其他设置同图 3.1，以图号为文件名保存。练习直线、圆角命令的用法及切线的作法。

2. 绘制图 3.4 所示的图形，图形界限为（100，50），其他设置同图 3.1，以图号为文件名保存。练习多段线的画法。

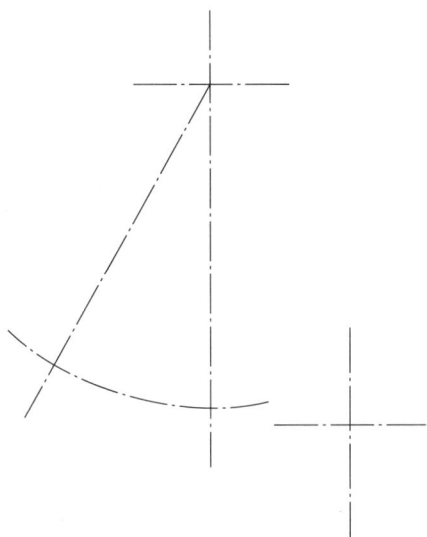

(a) 将"中心线"层设为当前层，分别用"直线（Line）"和"圆弧（Arc）"命令画中心线、定位线

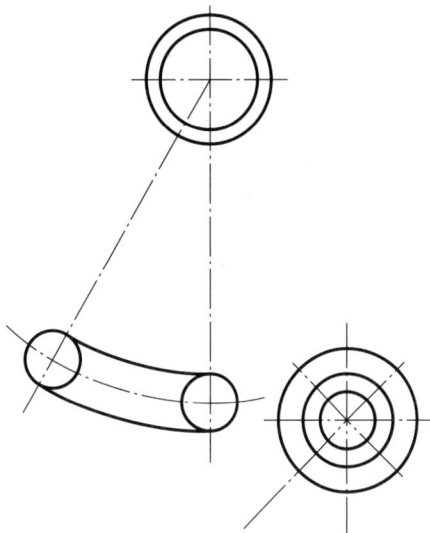

(b) 切换当前图层至"粗实线"层，分别用"圆（Circle）"和"圆弧（Arc）"命令作图

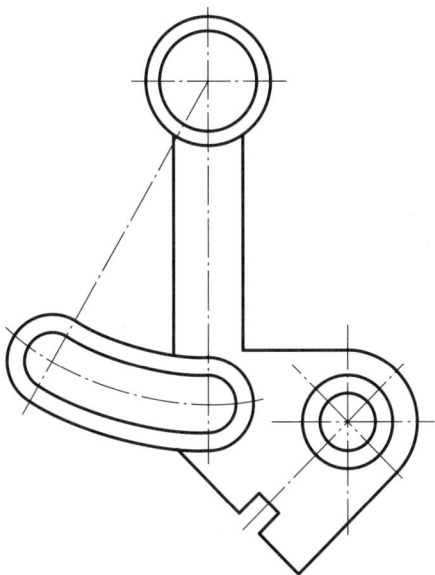

(c) 分别用"直线（Line）""偏移（Offset）""延伸（Extend）""修剪（Trim）"等命令作图

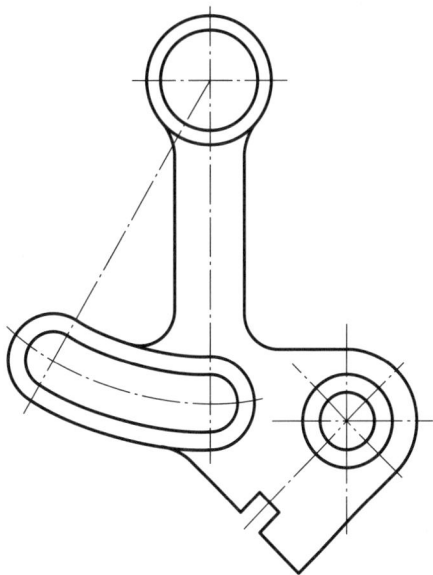

(d) 用"圆角（Fillet）"命令作连接弧，倒圆角时，根据情况选择修剪或非修剪模式

图 3.2

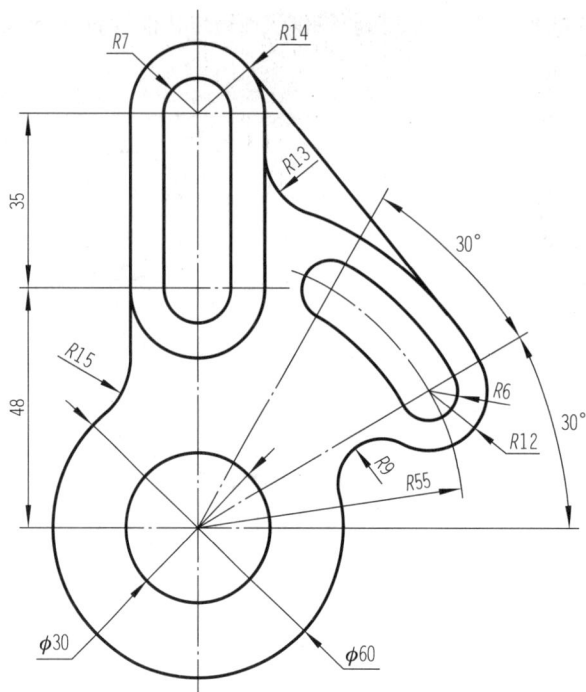

图 3.3

▶ 图 3.3 中图形的
绘制过程

▶ 图 3.3 中的尺寸
标注

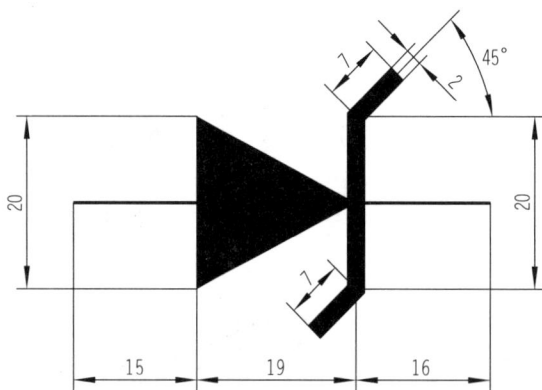

图 3.4

▶ 图 3.4 绘制过程

3. 绘制图 3.5 所示的图形，图形界限为（180，120），其他设置同图 3.1，以图号为文件名保存。练习直线、圆、圆角命令的用法及切线的作法。

4. 绘制图 3.6 所示的图形，图形界限为（100，150），其他设置同图 3.1，以图号为文件名保存。练习直线、圆、圆角、倒角命令的用法，练习拉长线段、缩短线段的方法。

5. 绘制图 3.7 所示的图形，图形界限为（150，150），其他设置同图 3.1，以图号为文件名保存。练习环形阵列命令的用法。

6. 绘制图 3.8 所示的图形，图形界限为（240，180），其他设置同图 3.1，以图号为文件名保存。练习矩形阵列命令的用法。

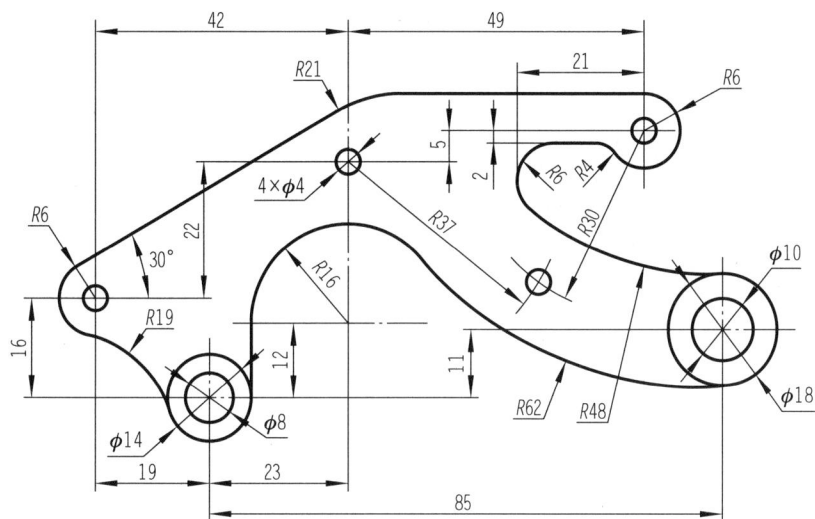

图 3.5

图 3.5 中图形的绘制过程

图 3.5 中的尺寸标注

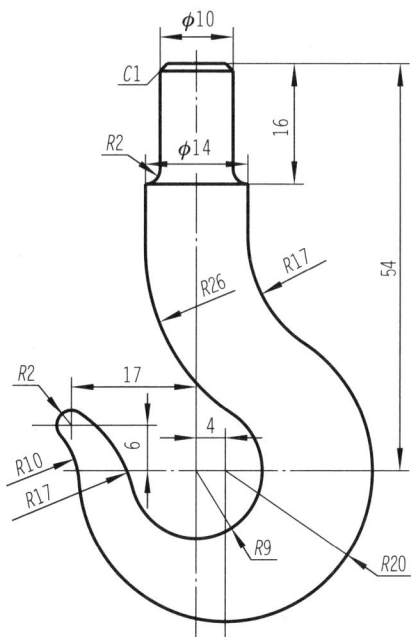

图 3.6

图 3.6 中图形的绘制过程

图 3.6 中的尺寸标注

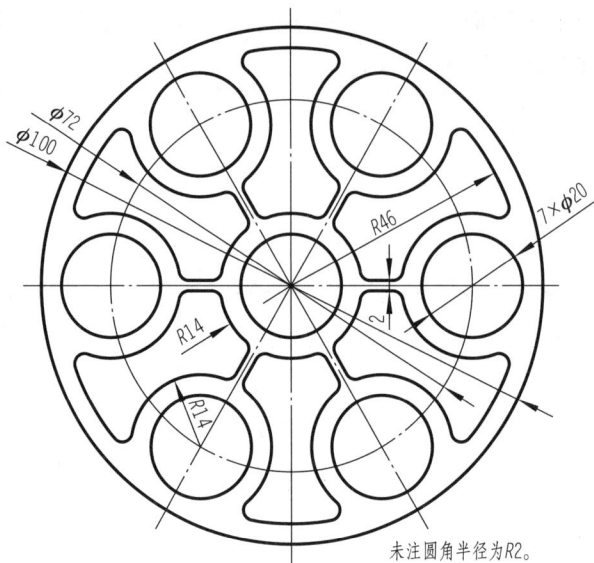

未注圆角半径为R2。

图 3.7

图 3.7 绘制过程

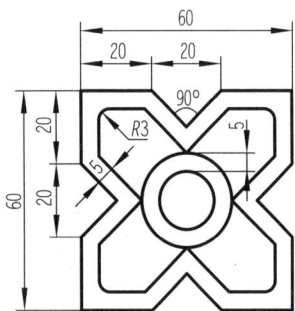

图 3.8

图 3.8 绘制过程

# 实验四

# 绘制工程图形（一）

## 一、实验目的

1. 根据制图的基本知识，综合运用 AutoCAD 绘图命令和编辑命令，按投影对应关系绘制各视图。

2. 熟悉并掌握绘图中极轴追踪、对象捕捉、对象捕捉追踪功能的交互运用。

3. 熟悉图案填充命令、文字命令及尺寸标注命令。

## 二、实验要求

1. 按作图内容，参照指导步骤独立绘图，并进行尺寸标注和文本标注。

2. 完成作图后分别以"图 4.1""图 4.11"为文件名保存在自备 U 盘上。

3. 体会总结上机作图过程，完成课后练习题。

## 三、使用的命令及功能

综合运用绘图命令和编辑命令，辅助绘图功能如对象捕捉、对象捕捉追踪、极轴追踪等，以及图形显示控制、图案填充、文字及尺寸标注命令等。

## 四、实验内容及指导

[**例题 4-1**] 绘制如图 4.1 所示的图形，并标注尺寸。

绘图步骤如下：

1. 新建文件，选择米制模板文件。选择下拉式菜单"文件（F）→另存为（A）"命令，将文件命名为"图 4.1"，并将文件保存到"学号 – 姓名"文件夹中。设置图形界限的左下角点坐标为（0，0），右上角点坐标为（150，200）。

2. 按下表设置图层：

| 层名 | 颜色 | 线型 | 线宽 |
| --- | --- | --- | --- |
| 0 | 7（白 / 黑） | Continuous | 默认 |
| 粗实线 | 7（白 / 黑） | Continuous | 0.5 mm |

| 层名 | 颜色 | 线型 | 线宽 |
|------|------|------|------|
| 细实线 | 6（黄色） | Continuous | 默认 |
| 点画线 | 1（红色） | CENTER | 默认 |
| 标注尺寸 | 5（蓝色） | Continuous | 默认 |

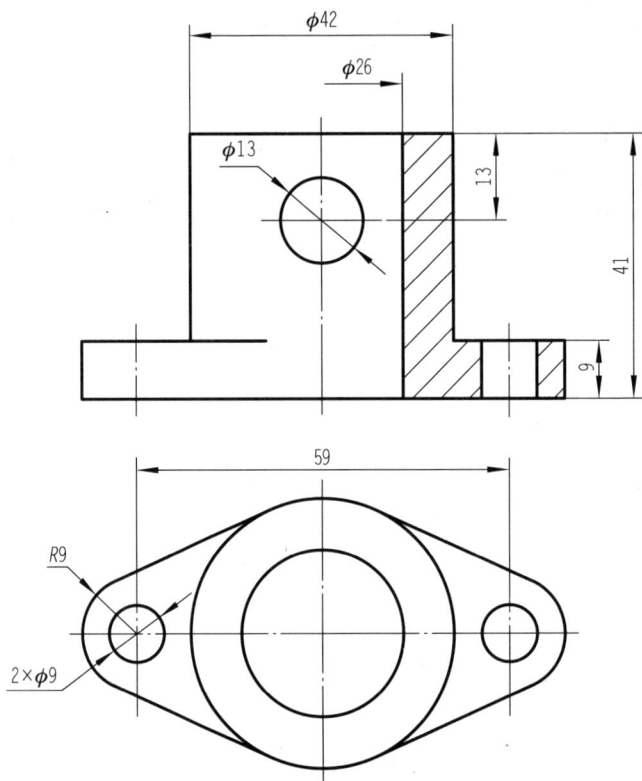

图 4.1 绘制过程

图 4.1

注意：如图 4.2 所示，在以下作图过程中，应使"特性"工具栏上的"颜色""线型""线宽"均为 ByLayer（随层）。

图 4.2

3. 设置线型比例。选择下拉式菜单"格式（O）→线型（N）"命令，打开"线型管理器"对话框，单击"显示细节（D）"按钮，在"详细信息"栏的"全局比例因子（G）"文本框中输入线型比例 0.25。

4. 设置文字样式。选择下拉式菜单"格式（O）→文字样式（S）"命令，打开

"文字样式"对话框，按图 4.3 进行设置。

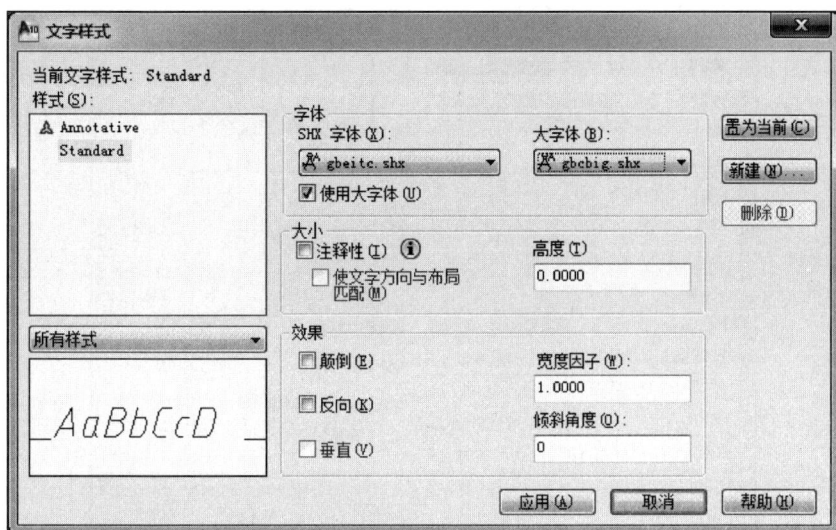

图 4.3

5. 按机械制图相关国家标准设置标注样式。选择下拉式菜单"格式（O）→标注样式（D）"［或选择"标注（N）→标注样式（S）"］命令，出现"标注样式管理器"对话框（图 4.4），单击"修改（M）"按钮，出现"修改标注样式：ISO-25"对话框，然后按下列提示进行设置：

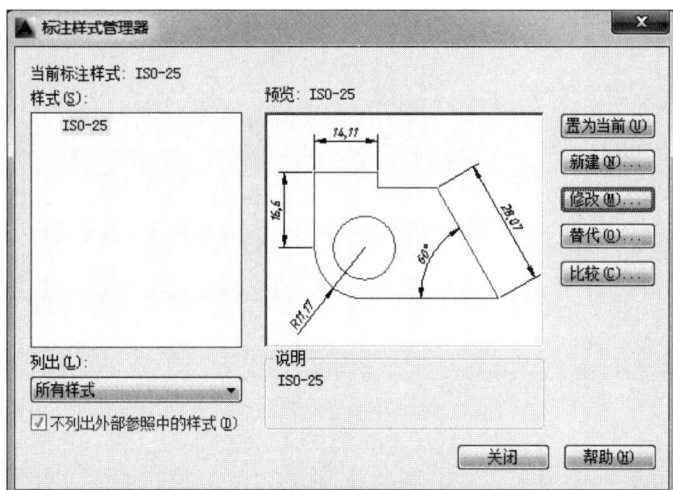

图 4.4

① 选择"线"选项卡，按照图 4.5 进行设置
② 选择"文字"选项卡，在"文字对齐（A）"区域选择"ISO 标准"单选项，如图 4.6 所示。

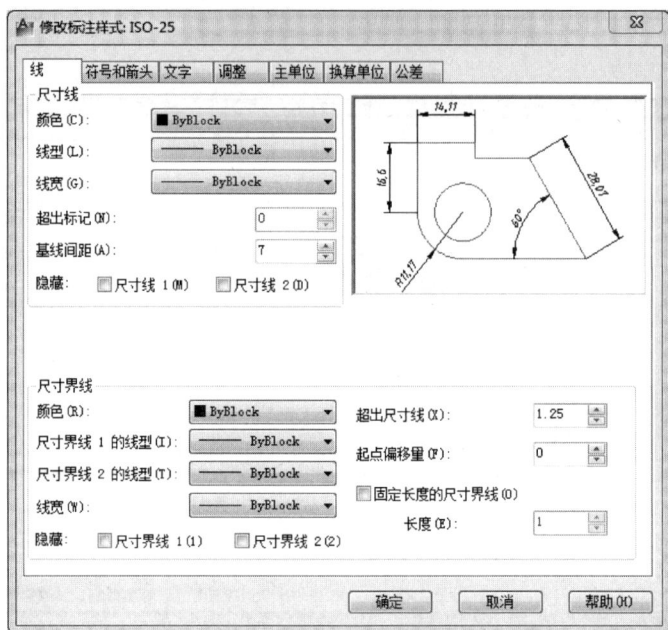

图 4.5

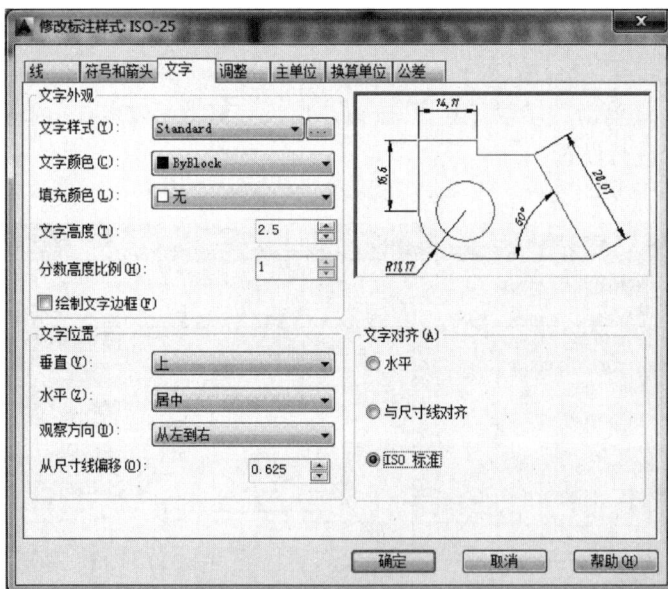

图 4.6

③ 选择"调整"选项卡，在"调整选项（F）"区域选择"文字或箭头（最佳效果）"单选项；在"标注特征比例"区域选择"使用全局比例（S）"单选项，并将其设置为 1.5，如图 4.7 所示。

④ 选择"主单位"选项卡，在"线性标注"区域，将"单位格式（U）"设为"小数"，将"精度（P）"设为"0.00"，将"小数分隔符（C）"设为"."（句点）"，其余保留默认值，单击"确定"按钮，如图 4.8 所示。

图 4.7

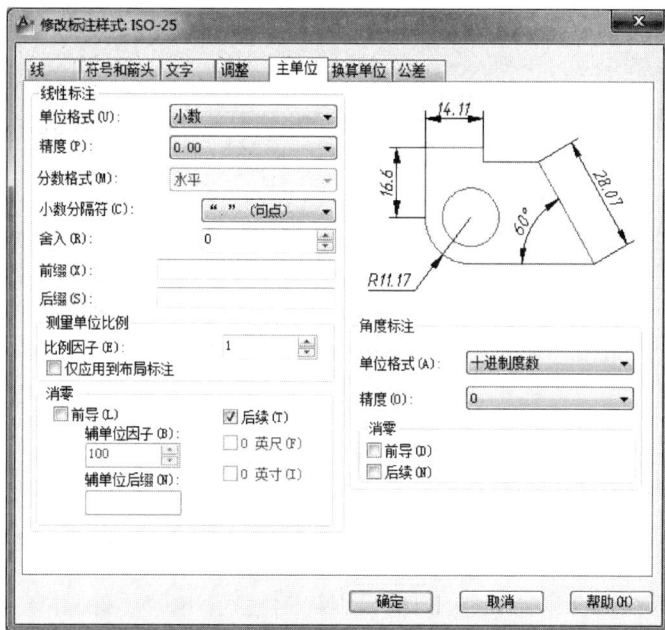

图 4.8

⑤ 在"标注样式管理器"对话框中，单击"新建（N）"按钮打开"创建新标注样式"对话框，在"用于（U）"下拉列表中选择"角度标注"（图 4.9）；单击"继续"按钮打开"新建标注样式：ISO-25: 角度"对话框。

选择"文字"选项卡，在"文字位置"区域的"垂直（V）"下拉列表中选择"外部"项，在"文字对齐（A）"区域选中"水平"单选项，如图 4.10 所示（若无角度标注，步骤⑤可省）。

图 4.9

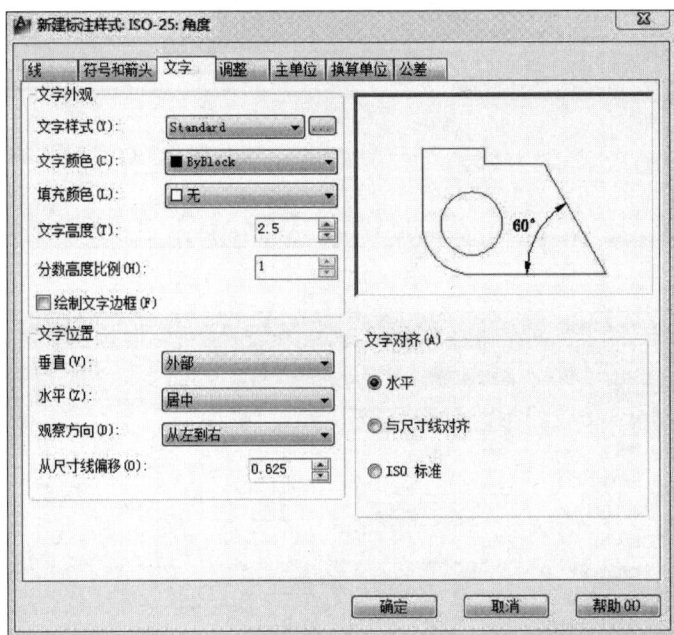

图 4.10

6. 完成作图后，选择下拉式菜单"文件（F）→保存（S）"命令保存文件。

[**例题 4-2**] 绘制图 4.11 所示的图形，并标注尺寸。

绘图步骤如下：

1. 新建文件，选择米制模板文件。选择下拉式菜单"文件（F）→另存为（A）"命令，将文件命名为"图 4.11"，并将文件保存到"学号 - 姓名"文件夹中。设置图形界限的左下角点坐标为（0，0），右上角点坐标为（180，160）。

2. 按下表设置图层：

| 层名 | 颜色 | 线型 | 线宽 |
|------|------|------|------|
| 0 | 7（白 / 黑） | Continuous | 默认 |
| 粗实线 | 7（白 / 黑） | Continuous | 0.5 mm |

AutoCAD 上机实验指导书

| 层名 | 颜色 | 线型 | 线宽 |
|------|------|------|------|
| 细实线 | 6（洋红） | Continuous | 默认 |
| 点画线 | 1（红色） | CENTER | 默认 |
| 标注尺寸 | 5（蓝色） | Continuous | 默认 |

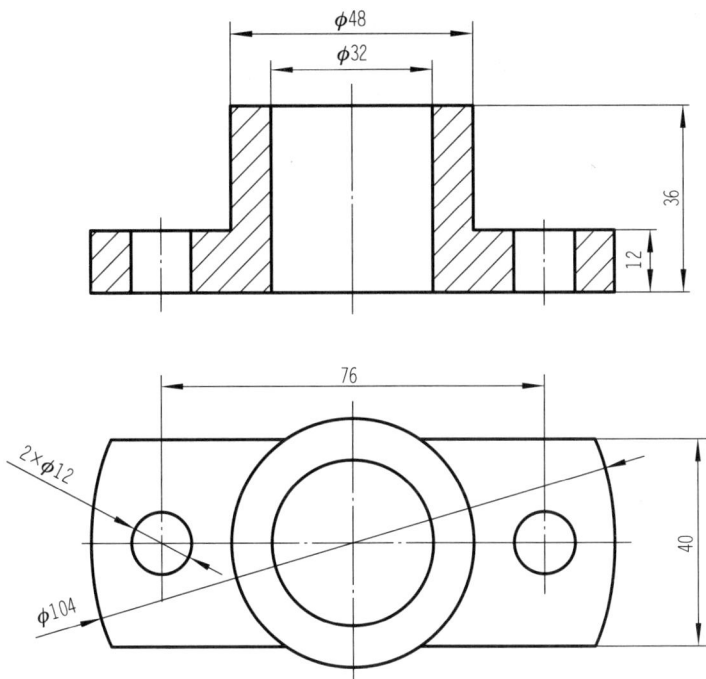

图 4.11

图 4.11 绘制过程

3. 设置线型比例。选择下拉式菜单"格式（O）→线型（N）"命令，打开"线型管理器"对话框，单击"显示细节（D）"按钮，在"详细信息"栏的"全局比例因子（G）"文本框中输入线型比例 0.25。

4. 设置文字样式。选择下拉式菜单"格式（O）→文字样式（S）"命令，打开"文字样式"对话框，设置 SHX 字体为 gbeitc.shx，大字体类型设为 gbcbig.shx。

5. 按机械制图国家标准设置标注样式。

6. 完成作图后，选择下拉式菜单"文件（F）→保存（S）"命令保存文件。

## 📌 五、课后练习题

按要求绘制图 4.12 所示的图形。设置要求同［例题 4-2］，设置图形界限的左下角点坐标为（0，0），右上角点坐标为（360，280）。

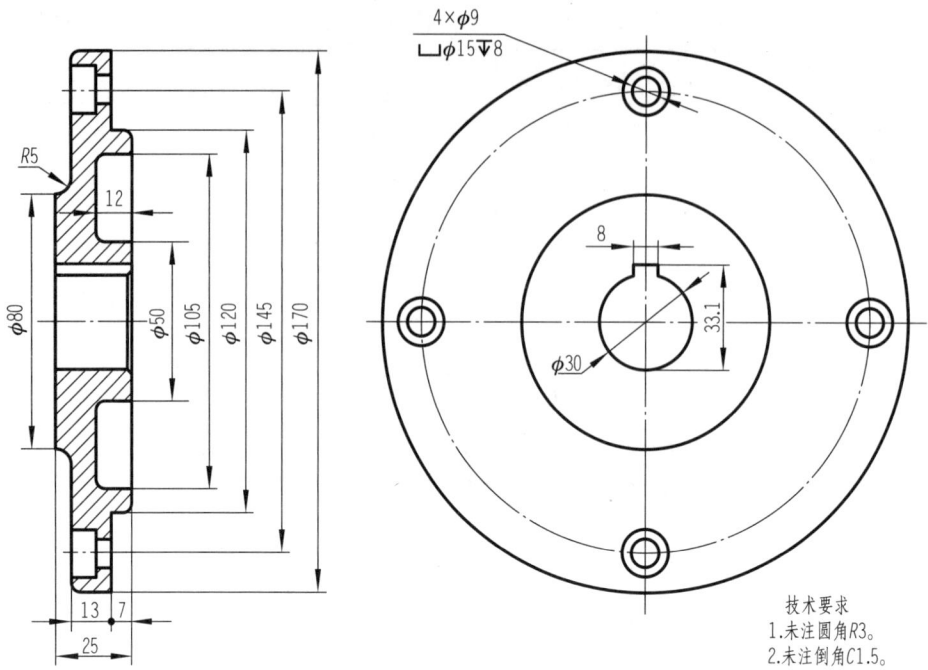

图 4.12

图 4.12 中图形的
绘制过程

图 4.12 中的尺寸
标注

**AutoCAD** 上机实验指导书

# 绘制工程图形（二）

## 一、实验目的

1. 综合运用各种绘图及图形编辑命令绘制工程图形。
2. 掌握图层设置、分层作图、文字样式及标注样式设置、文字编辑的方法。
3. 练习并掌握尺寸公差、几何公差、用带属性的图块标注表面结构要求的方法。
4. 练习并掌握外部图块的形成、定义、修改、存储等命令的使用方法。
5. 理解图块使用的意义，掌握内部图块与外部图块的区别。

## 二、实验要求

1. 按作图内容，参照指导步骤绘制主视图、俯视图、左视图。设置文字和尺寸标注样式并标注文字和尺寸，标注尺寸公差和几何公差，用图块的方式标注表面结构要求。
2. 完成作图后分别以各自文件名保存在自备的 U 盘上。
3. 体会并总结上机作图过程，完成课后练习题。

## 三、使用的命令及功能

绘图命令：二维绘图命令和二维编辑命令；辅助绘图功能：对象捕捉、对象捕捉追踪、极轴追踪等；设置文字样式和标注样式并标注文字和尺寸、标注尺寸公差和几何公差、用图块的方式标注表面结构要求。

## 四、实验内容及指导

［例题 5-1］绘制图 5.1 所示的图形。

1. 选择下拉式菜单"文件（F）→另存为（A）"命令，将文件命名为"图 5.1"，并将文件保存到"学号 - 姓名"文件夹中。

2. 设置图形界限左下角点坐标为（0，0），右上角点坐标为（180，270），单位、捕捉与栅格设置均与［例题 1-3］相同。

3. 选择下拉式菜单"格式（O）→图层（L）"命令，打开"图层特性管理器"对话框，按下表新建图层并设置线型、颜色、线宽。选择下拉式菜单"格式（O）→线型

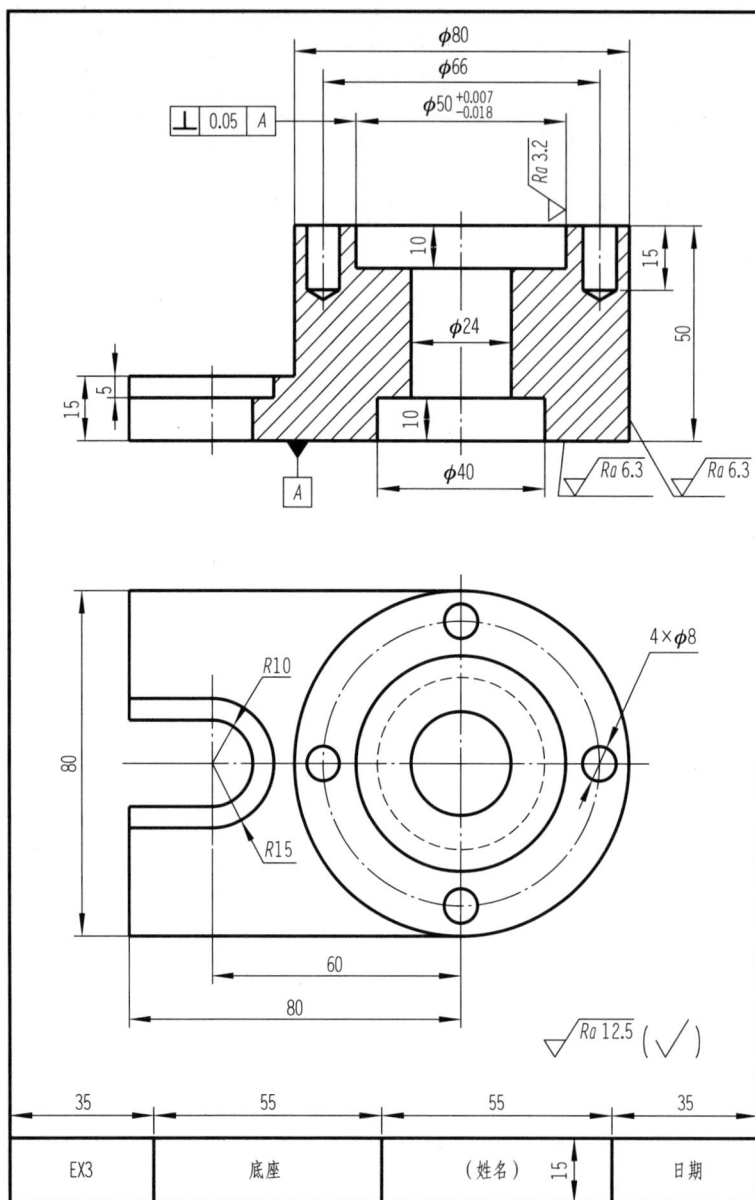

图 5.1 中图形的绘制过程及尺寸标注

图 5.1 中基准的标注

图 5.1 中表面结构要求的标注

图 5.1

（N）"命令打开"线型管理器"对话框，单击"显示细节（D）"按钮，在"详细信息"栏的"全局比例因子（G）"文本框中输入线型比例 0.3。

| 层名 | 颜色 | 线型 | 线宽 |
|------|------|------|------|
| 0 | 7（白/黑） | Continuous | 默认 |
| 粗实线 | 7（白/黑） | Continuous | 0.5 mm |
| 细实线 | 6（洋红） | Continuous | 默认 |

AutoCAD 上机实验指导书

| 层名 | 颜色 | 线型 | 线宽 |
|------|------|------|------|
| 虚线 | 3（绿色） | HIDDEN | 默认 |
| 点画线 | 1（红色） | CENTER | 默认 |
| 标注尺寸 | 5（蓝色） | Continuous | 默认 |

注意：在以下作图过程中，应使"特性"工具栏上的"颜色""线型""线宽"均为"ByLayer"（随层）。

4. 设置文字样式。选择下拉式菜单"格式（O）→文字样式（S）"命令，出现"文字样式"对话框，按图 5.2 所示进行设置。

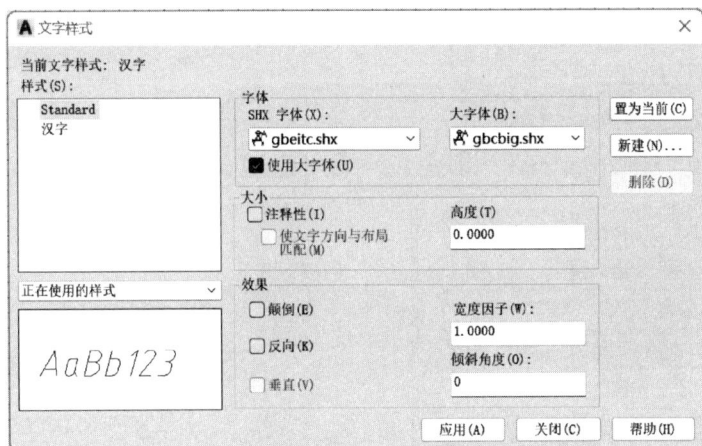

图 5.2

将默认文字样式"Standard"的字体设置成"gbeitc.shx"；选中"使用大字体（U）"复选框；在"大字体（B）"下拉列表中选择"gbcbig.shx"字体；单击左下角的"应用（A）"按钮后关闭对话框。

5. 设置标注样式。按机械制图国家标准设置标注样式，具体设置方法参考［例题 4-1］中的设置要求。

6. 绘制图中图形并书写标题栏，标题栏中的文字高度为 6。

（1）将"标注尺寸"层设为当前层，按图 5.3a 所示输入文字，具体步骤为：选择下拉式菜单"绘图（D）→文字（X）→单行文字（S）"命令，命令提示及操作如下：

指定文字的起点或［对正（J）/ 样式（S）］：m✓（输入 m 并回车）

指定文字的中间点：（用鼠标单击左下书写 EX3 框格的中间点）

指定高度 <3>：6✓（输入字高 6）

指定文字的旋转角度 <0>：✓（回车表示角度用尖括号里的值 0°）

然后输入文字"EX3"。

（2）用"复制（Copy）"命令复制文字"EX3"到其他三个框格中，如图 5.3b 所示。

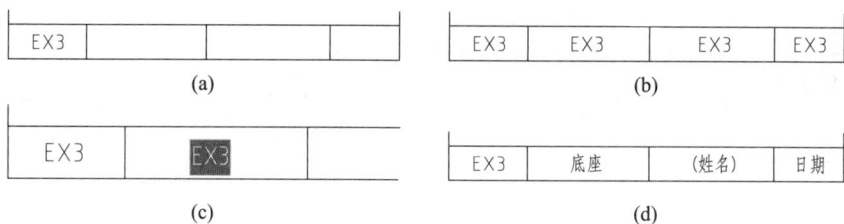

| EX3 | | |
|-----|-----|-----|

(a)

| EX3 | EX3 | EX3 | EX3 |
|-----|-----|-----|-----|

(b)

| EX3 | EX3 | |
|-----|-----|-----|

(c)

| EX3 | 底座 | (姓名) | 日期 |
|-----|-----|-----|-----|

(d)

图 5.3

（3）将光标放在要修改的文字上，双击鼠标左键即可编辑文字，如图 5.3c、d 所示。

7. 标注尺寸公差。可对已标好的尺寸进行特性编辑来完成尺寸公差标注。现标注图 5.1 中尺寸及其公差 $\phi 50^{+0.007}_{-0.018}$，操作过程及提示如图 5.4 所示。

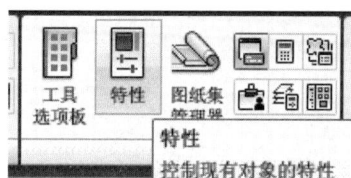

(a) 单击"特性"按钮，打开"特性"对话框

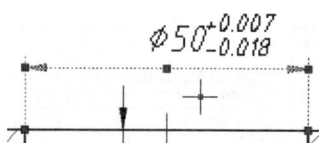

(b) 在绘图区单击要编辑的尺寸，使其处于选中状态

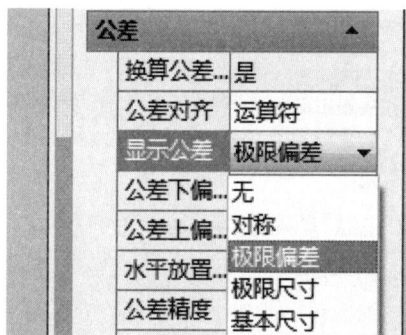

(c) 在"特性"对话框中，点选"显示公差"项，
选择"极限偏差"（单击项目的右边框，会出
现向下箭头，再单击箭头，以下相同）

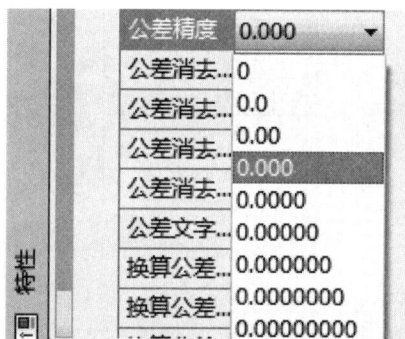

(d) 将"公差精度"设为小数点后三位

(e) 将"水平放置公差"设为"中"

(f) 将"公差文字高度"设为"0.6"

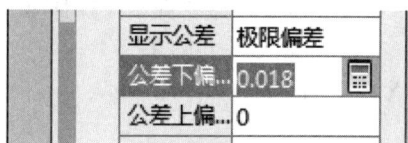

(g) 在"公差下偏差"文本框中输入0.018
（默认为负值）

(h) 在"公差上偏差"文本框中输入0.007
（默认为正值）

图 5.4

AutoCAD 上机实验指导书

8. 标注几何公差。

（1）按图 5.5 及提示标注基准符号。

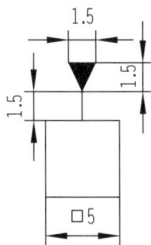

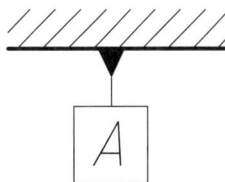

(a) 在绘图区的空白处，采用"多段线(Pline)"
"矩形(Rectang)"命令按上图尺寸画基准符号

(b) 采用"移动(Move)"命令，将画好的基准符号移
到适当位置；采用"文字(Text)"命令书写字母 A

图 5.5

（2）按图 5.6 及提示标注垂直度公差。

① 选择下拉式菜单"标注（N）→公差（T）"命令，弹出"形位公差"对话框
（图 5.6a），单击"符号"下的黑框将弹出"符号"对话框（图 5.6b）。

② 在"符号"对话框中，单击所需项目符号（此处选择垂直度符号"⊥"）后返
回"形位公差"对话框。

③ 如图 5.6c 所示，在对应的框格中输入公差值 0.05、基准 A 并单击"确定"按钮。

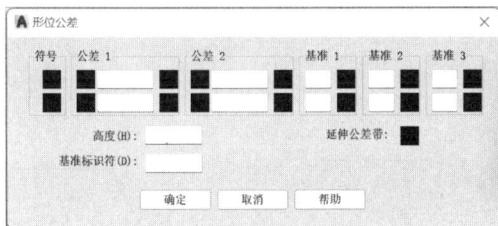

(a)

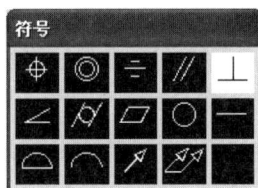

(b)

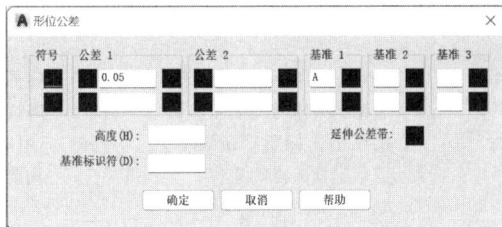

(c)

图 5.6

9. 标注表面结构要求。

（1）按图 5.7 及提示绘制表面结构要求符号。

用"直线（Line）"命令在绘图区空白处按图 5.7 所示的尺寸画出表面结构要求符
号。具体步骤为：在绘图区单击确定第一点，采用极轴追踪水平左侧方向，输入长度 4
确定第二点；采用极轴追踪 −60° 方向，输入长度 4 确定第三点；采用极轴追踪 60° 方
向，输入长度 8 确定第四点；采用极轴追踪水平右侧方向，输入长度 8 确定第五点；最
后退出"直线（Line）"命令，完成表面结构要求符号绘制。

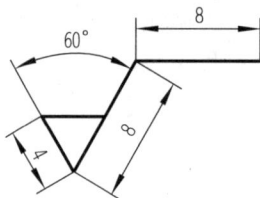

图 5.7

图 5.7 的绘制及
表面结构要求
的创建和使用

（2）按图 5.8 及提示定义块的属性。

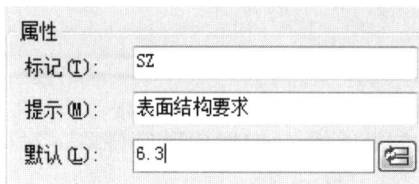

（a）选择下拉式菜单"绘图（D）→块（K）→定
义属性（D）…"命令，出现"属性定义"对
话框，在右上"属性"区域的"标记（T）"
文本框中输入"SZ"，在"提示（M）"文本
框中输入"表面结构要求"，在"默认（L）"
文本框中输入"6.3"

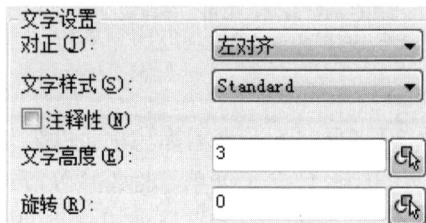

（b）在"文字设置"区域按图进行设置

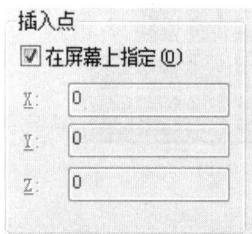

（c）在"插入点"区域选中
"在屏幕上指定（O）"
项后，单击"确定"按
钮

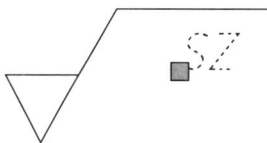

（d）随后返回绘图区，在表
面结构要求符号右上方，
按图中光标所示位置单
击确定插入点的坐标

（e）完成块属性定义，并在
属性前面用"多行文字
（M）"命令书写表面结
构要求的代号 *Ra*

图 5.8

（3）按图 5.9 及提示创建带属性的图块。

（4）按图 5.10 及提示插入图块，完成表面结构要求的标注。

操作步骤如下：

① 选择下拉式菜单"插入（I）→块（B）"命令，出现"插入"对话框（图 5.10），
在"名称（N）"区域通过浏览文件找到要插入的图块。

② 在"插入点"区域选中"在屏幕上指定（S）"项，在"比例"区域选中"统一
比例（U）"复选项，并分别在"X""Y""Z"文本框输入"1""1""1"，在"旋转"
区域选中"在屏幕上指定（C）"复选项，单击"确定"按钮退出对话框。

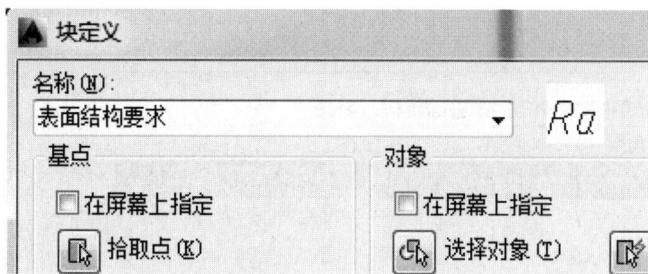
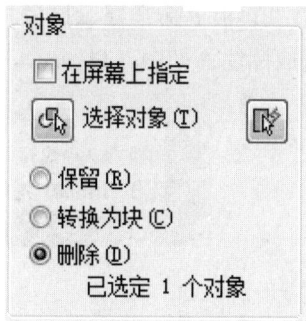

（a）选择下拉式菜单"绘图（D）→块（K）→创建（M）"命令，出现"块定义"对话框

（b）在"对象"区域，选中"删除（D）"单选项并单击"选择对象（T）"按钮

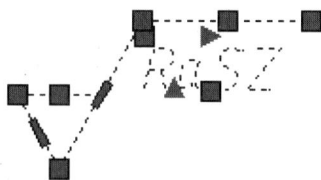

（c）选中要作为图块的全部对象

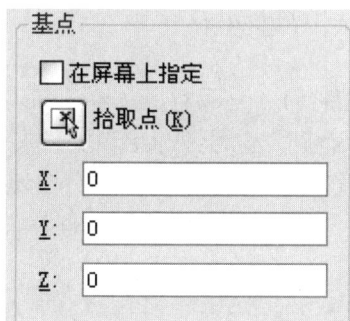

（d）在"基点"区域，单击"拾取点（K）"按钮

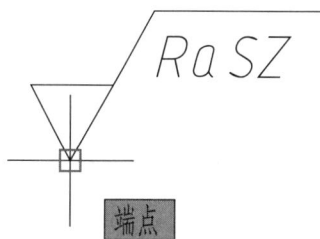

（e）返回绘图区，用光标捕捉端点来完成基点的坐标输入（基点是以后调用图块时的插入点），单击"确定"按钮完成块定义

图 5.9

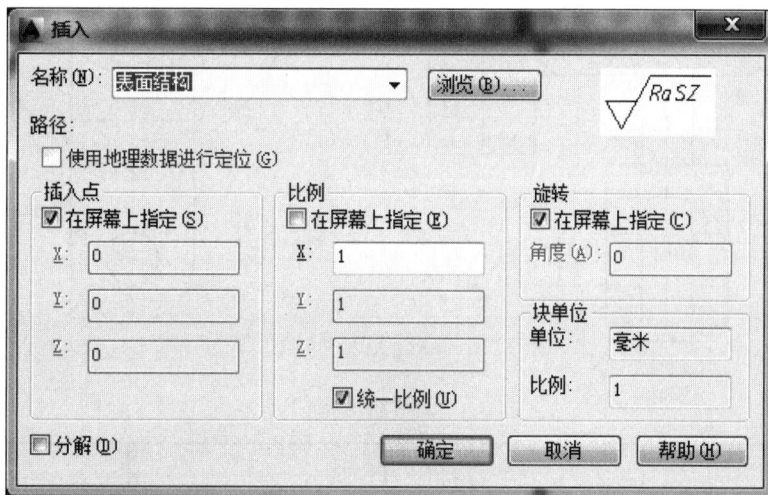

图 5.10

③ 根据命令提示区的提示，依次指定插入点，确定旋转角度及表面结构要求数值完成标注，如图 5.11 所示。

图 5.11

10. 保存。

选择下拉式菜单"文件（F）→保存（S）"命令保存文件。

[例题 5-2] 绘制图 5.12 所示的工程图。图框画在图形界限的边界上，标题栏高度为 10 mm，长度自定。

绘图步骤如下：

1. 选择下拉式菜单"文件（F）→另存为（A）"命令，将文件命名为"图 5.12"，并将文件保存到"学号－姓名"文件夹中。

2. 设置图形的初始环境：设置图形界限的左下角点坐标为（0，0），右上角点坐标为（200，145），单位、捕捉和栅格设置均与［例题 1-3］相同。

▶ 图 5.12 中图形
的绘制过程

▶ 图 5.12 中的尺
寸标注

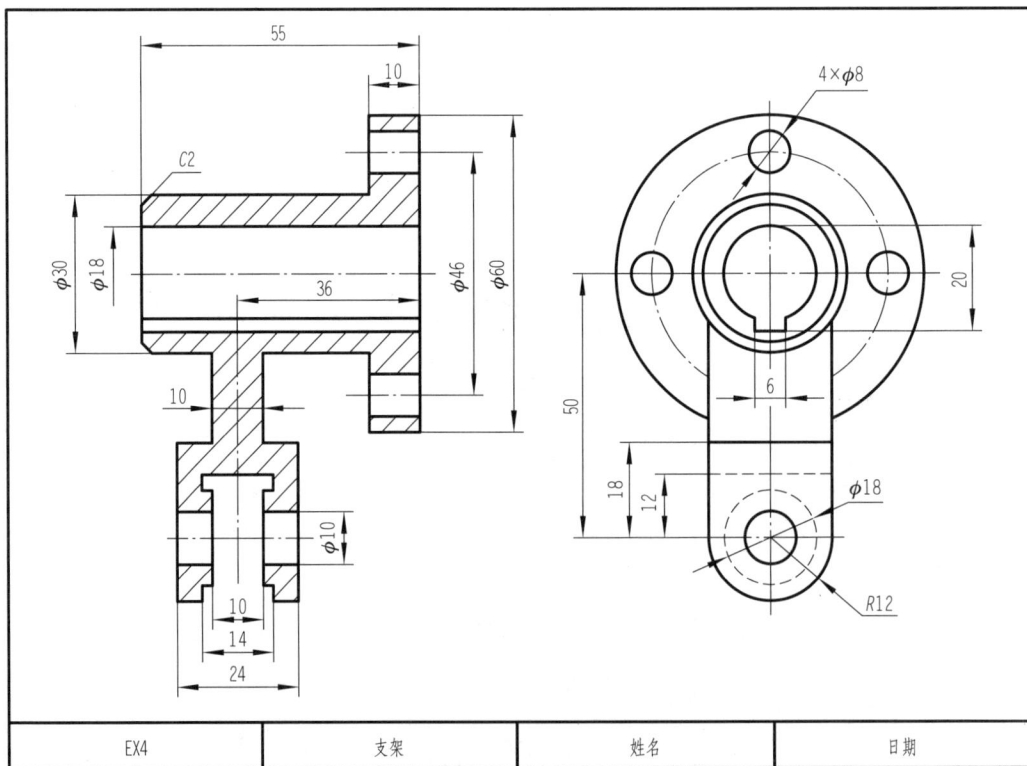

图 5.12

**AutoCAD** 上机实验指导书

3. 设置图层、文字样式、标注样式、线型比例，设置方法与［例题5–1］相同。

4. 完成图形绘制及尺寸标注，选择下拉式菜单"文件（F）→保存（S）"命令保存文件。

## 五、课后练习题

1. 绘制图5.13所示的图形，设置图形界限的左下角点坐标为（0，0），右上角点坐标为（100，150），其他设置同图5.1，以图号为文件名保存。

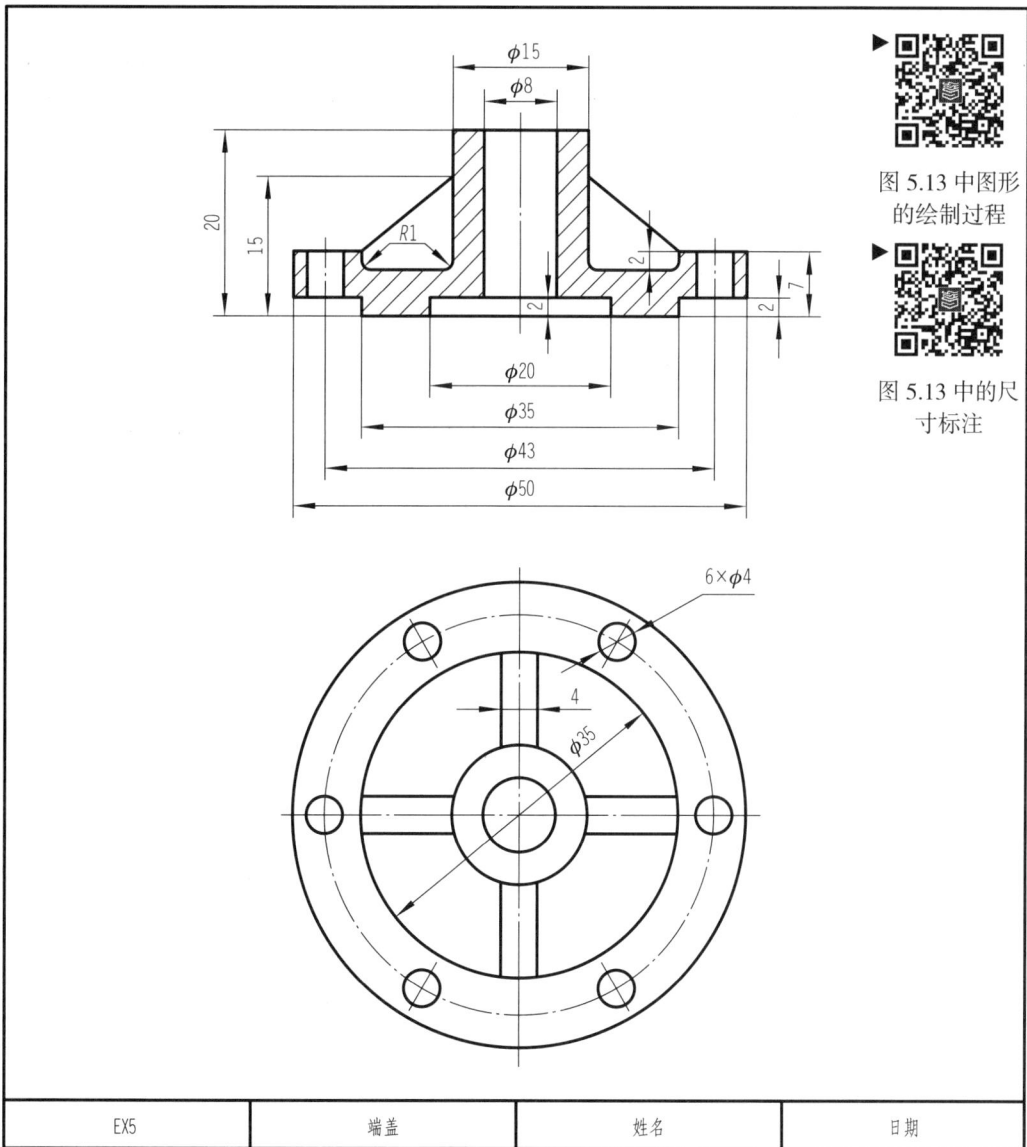

图5.13中图形的绘制过程

图5.13中的尺寸标注

图 5.13

2. 绘制图 5.14 所示的图形，设置图形界限的左下角点坐标为（0，0），右上角点坐标为（100，150），其他设置同图 5.1，以图号为文件名保存。

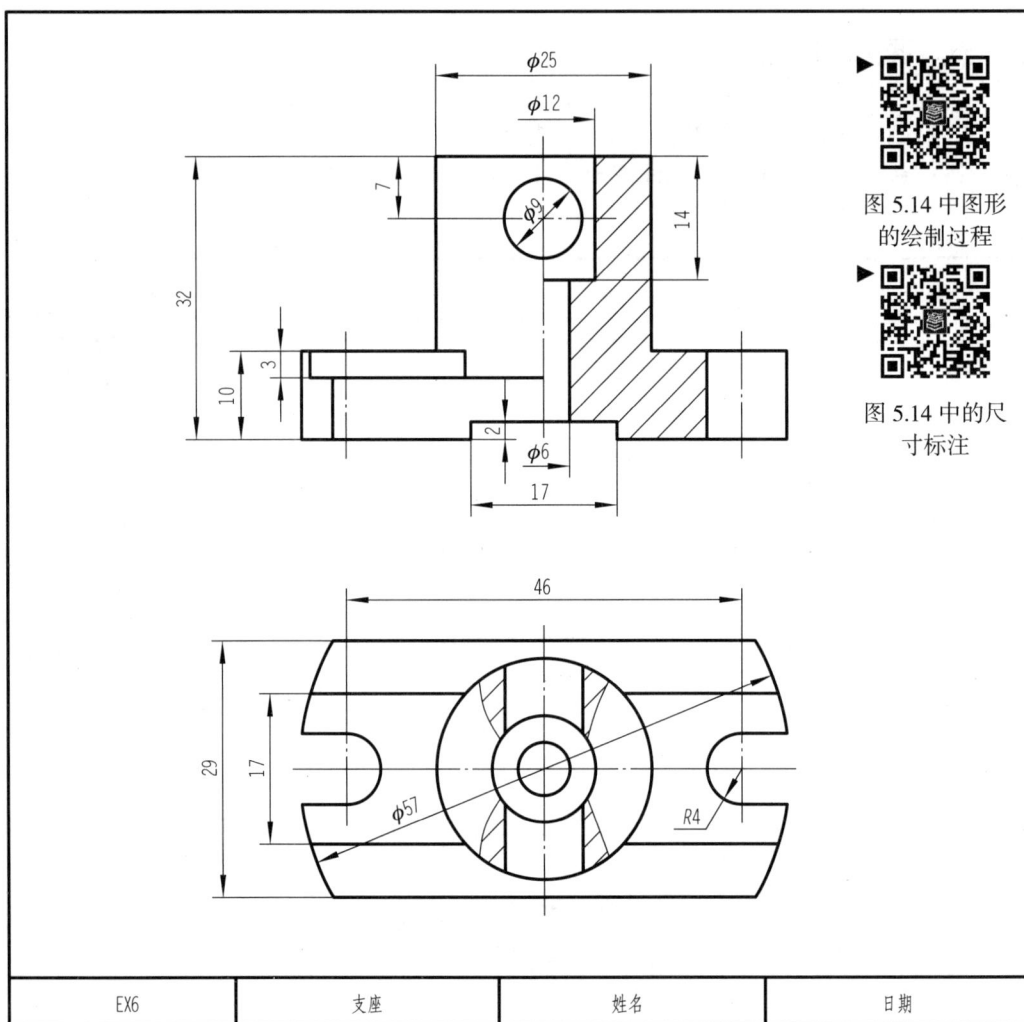

图 5.14 中图形的绘制过程

图 5.14 中的尺寸标注

图 5.14

3. 绘制图 5.15 所示的图形，设置图形界限的左下角点坐标为（0，0），右上角点坐标为（160，120），其他设置同图 5.1，以图号为文件名保存。

4. 绘制图 5.16 所示的图形，设置图形界限的左下角点坐标为（0，0），右上角点坐标为（160，120），其他设置同图 5.1，以图号为文件名保存。

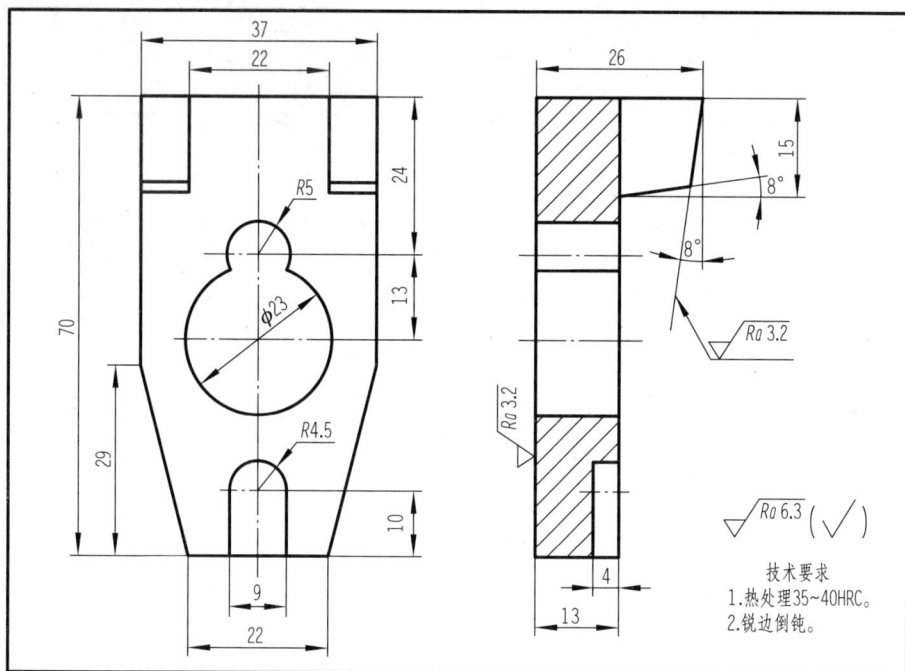

图 5.15 中图形
的绘制过程

图 5.15 中的尺
寸标注

技术要求
1.热处理35~40HRC。
2.锐边倒钝。

图 5.15

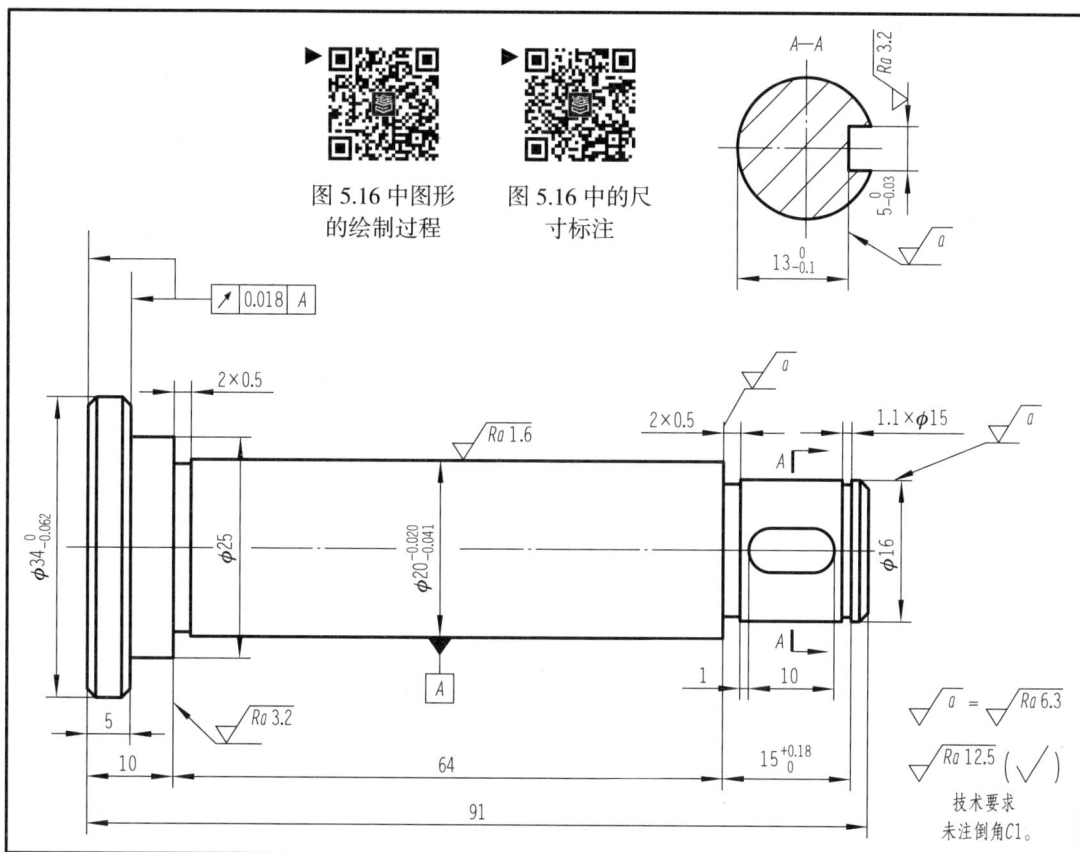

图 5.16 中图形
的绘制过程

图 5.16 中的尺
寸标注

技术要求
未注倒角C1。

图 5.16

## 实验六

# 绘制零件图

### 一、实验目的

1. 熟悉并掌握图纸图幅、图线、字体、比例等相关机械制图国家标准。
2. 掌握带属性图块的创建方法及其在零件图中的使用方法。
3. 掌握尺寸公差、几何公差在零件图中的标注方法。
4. 掌握外部图块的生成、定义、修改、存储等命令的使用方法。

### 二、实验要求

1. 按作图内容，参照指导步骤绘制各零件图。按机械制图国家标准标注文字、尺寸、尺寸公差和几何公差，用图块的方式标注表面结构要求。
2. 完成作图后分别以各自文件名保存在自备的 U 盘上。

### 三、使用的命令及功能

绘图命令：二维绘图命令和二维编辑命令；辅助绘图功能：对象捕捉、对象捕捉追踪、极轴追踪等；设置文字样式和标注样式并标注文字、尺寸、尺寸公差和几何公差，用图块的方式标注表面结构要求。

### 四、实验内容及指导

绘制轮架装配图中的部分零件图，并标注尺寸、表面结构要求及几何公差（图6.1、图6.2、图6.3、图6.4）。

绘图步骤如下：

1. 选择米制样板文件，根据零件图上图元类型设置图层（粗实线层、细实线层、点画线层、尺寸标注层等），其属性、变量可参考前面实验内容自行设置。垫圈 16（件号 7）、螺母 M16（件号 8）都是标准件，可采用比例画法。

2. 画轴（件号 1）的零件图。设置图形界限左下角点坐标为（0，0），右上角点坐标为（180，110），图框为 180×110 的矩形；

图 6.1 的绘制过程

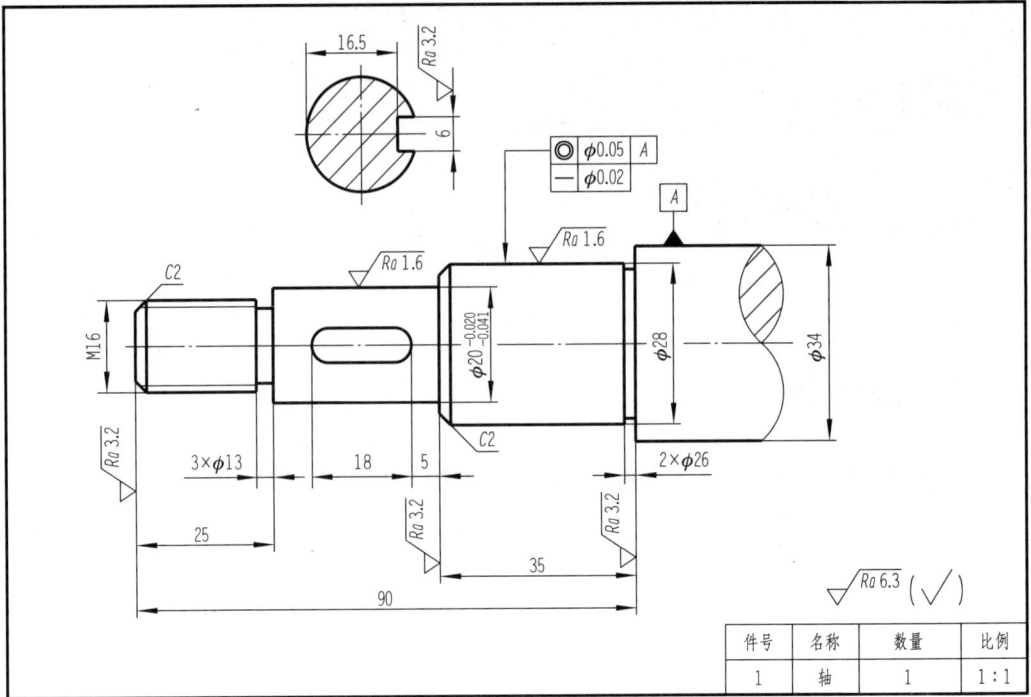

图 6.1

| 件号 | 名称 | 数量 | 比例 |
|------|------|------|------|
| 1 | 轴 | 1 | 1:1 |

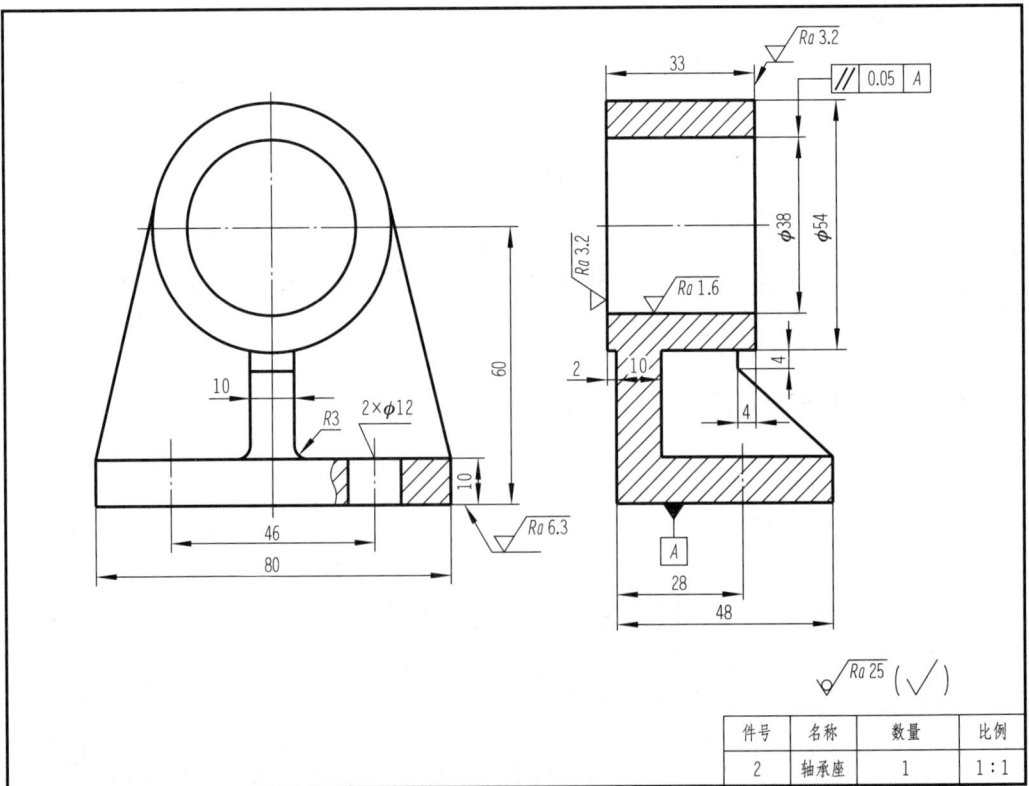

图 6.2

| 件号 | 名称 | 数量 | 比例 |
|------|------|------|------|
| 2 | 轴承座 | 1 | 1:1 |

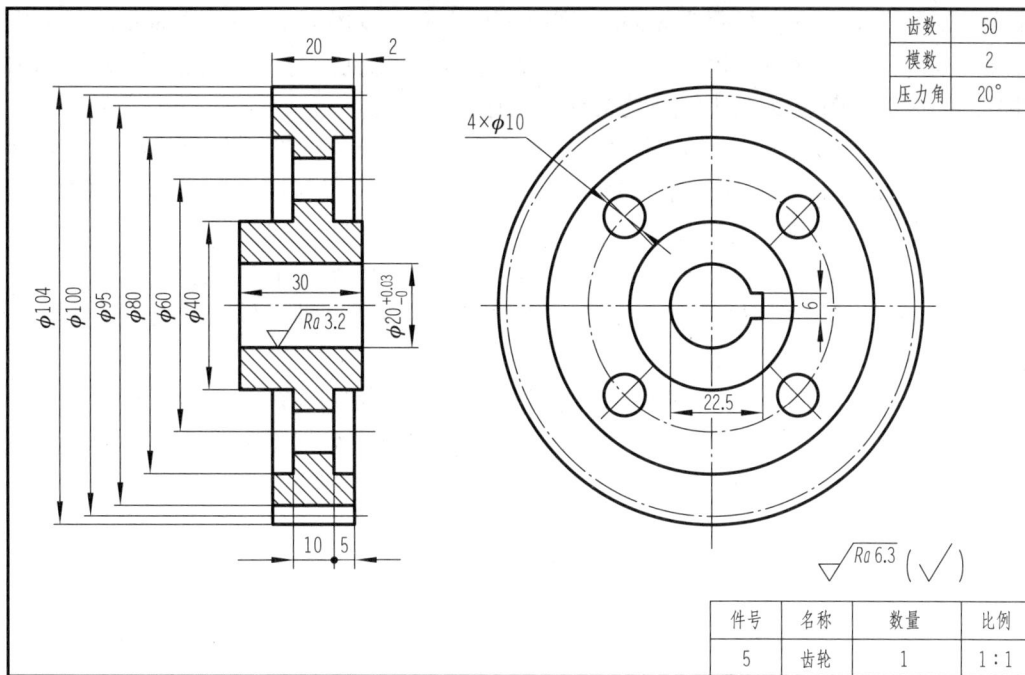

| 齿数 | 50 |
| --- | --- |
| 模数 | 2 |
| 压力角 | 20° |

| 件号 | 名称 | 数量 | 比例 |
| --- | --- | --- | --- |
| 5 | 齿轮 | 1 | 1∶1 |

图 6.3

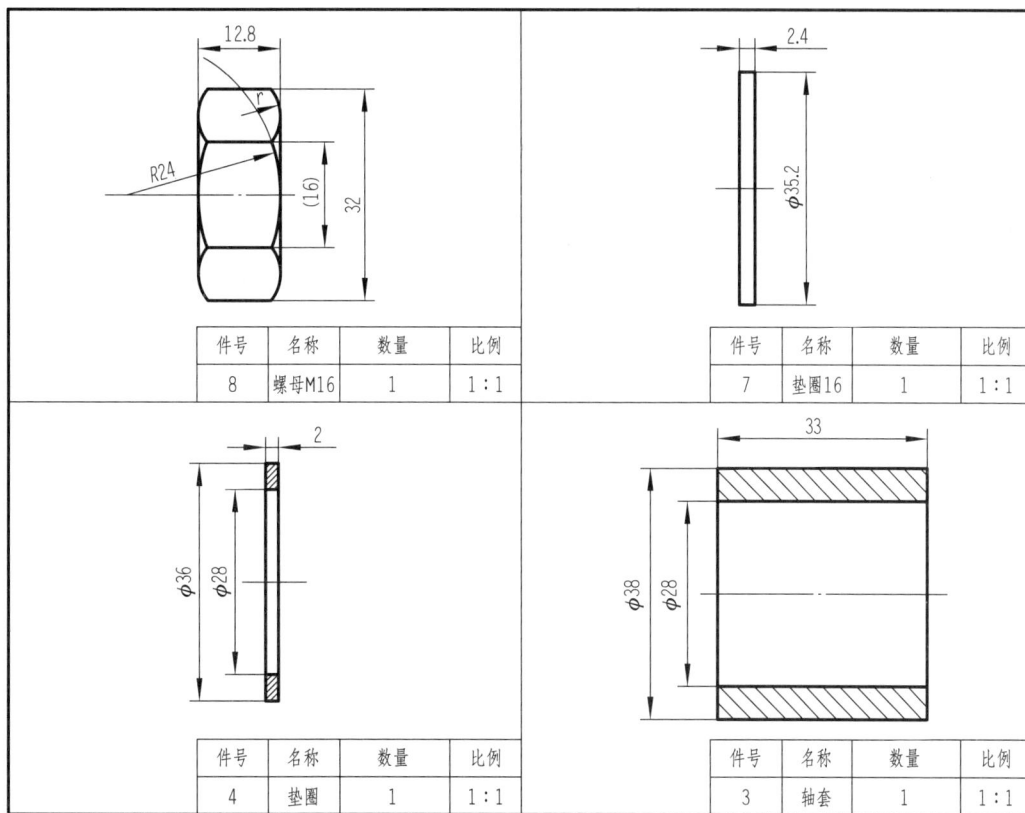

| 件号 | 名称 | 数量 | 比例 |
| --- | --- | --- | --- |
| 8 | 螺母M16 | 1 | 1∶1 |

| 件号 | 名称 | 数量 | 比例 |
| --- | --- | --- | --- |
| 7 | 垫圈16 | 1 | 1∶1 |

| 件号 | 名称 | 数量 | 比例 |
| --- | --- | --- | --- |
| 4 | 垫圈 | 1 | 1∶1 |

| 件号 | 名称 | 数量 | 比例 |
| --- | --- | --- | --- |
| 3 | 轴套 | 1 | 1∶1 |

图 6.4

标题栏总宽为 65 mm，行距为 8 mm，列距自行定义；设置文字样式"Standard"的字体为"gbeitc.shx"，且使用大字体"gbcbig.shx"，宽度比例设为 1；自行设置适当的标注样式。完成绘图后以"图 6.1"为文件名保存。

3. 画轴承座（件号 2）的零件图。设置图形界限左下角点坐标为（0，0），右上角点坐标为（220，160），图框为 220×160 的矩形；其他设置与轴零件图相同。完成绘图后以"图 6.2"为文件名保存。

4. 画齿轮（件号 5）的零件图。设置图形界限左下角点坐标为（0，0），右上角点坐标为（260，180），图框为 260×180 的矩形；其他设置与轴零件图相同。完成绘图后以"图 6.3"为文件名保存。

5. 画轴套（件号 3）、垫圈 16（件号 4、件号 7）和螺母 16（件号 8）四个零件的零件图，可画在一个图形文件上，如图 6.4 所示。设置图形界限左下角点坐标为（0，0），右上角点坐标为（160，150），图框自定；其他设置与轴零件图相同。完成绘图后以"图 6.4"为文件名保存。

# 实验七

# 绘制装配图

## 一、实验目的

1. 通过插入外部图块的方法，练习并掌握拼画装配图的一般方法与步骤。
2. 练习并掌握通过分解图块来编辑由图块拼画的装配图的方法。
3. 练习并掌握通过复制、粘贴、移动零件图上的图形来拼画装配图的方法与步骤。

## 二、实验要求

1. 按实验指导要求绘制装配图（图 7.3）。
2. 完成作图后以文件名"图 7.3"保存在自备的 U 盘上。

## 三、使用的命令

二维绘图命令和二维编辑命令；外部图块（Wblock）及带基点复制等命令。

## 四、实验内容及指导

由实验六所绘制的零件图（图 6.1、图 6.2、图 6.3、图 6.4）拼画一张轮架装配图（图中平键按键槽尺寸查表确定），见图 7.3。

绘图步骤如下：

1. 新建文件，选择米制样板文件。设置图层、单位、文字样式、标注样式，设置图形界限的左下角点坐标为（0，0），右上角点坐标为（210，297）。另存为"图 7.3"。

2. 打开"图 6.2"零件图，关闭或冻结标注尺寸层。在命令行输入命令"Wblock"（外部图块），打开"写块"对话框，按图 7.1 及提示创建外部图块。

3. 依次打开其他零件图（图 6.1、图 6.3、图 6.4）并重复上述操作，将装配图（图 7.3）上所需图形均创建为外部图块。

4. 在装配图上，按照装配关系依次插入相应零件图的图块，将其拼画成装配图。插入外部图块的步骤如图 7.2 所示。

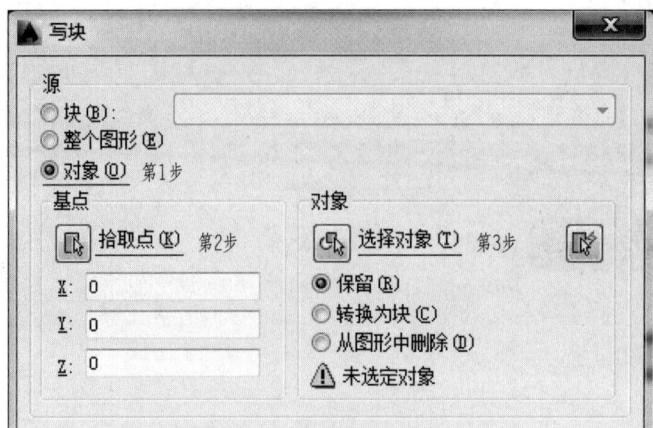

(a) 选择创建图块的源为"对象"

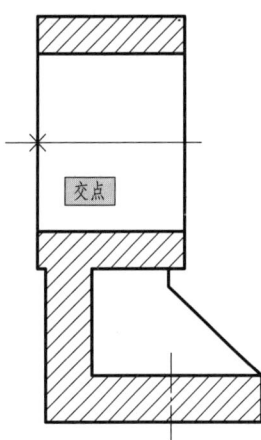

(b) 选择图示交点为图块的基点　　　(c) 选中要作为图块的对象
　　（即为插入块时的插入点）

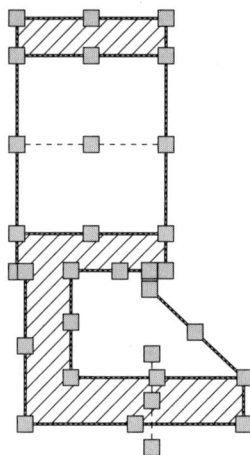

图 7.1

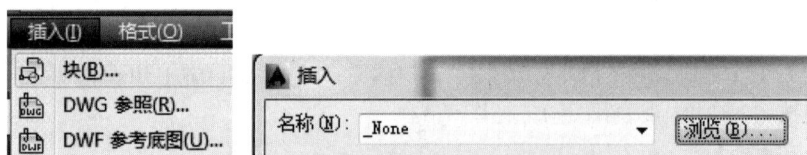

(a) 选择下拉式菜单"插入（I）→块（B）"命令，打开"插入"对话框

(b) 单击"浏览（B）"按钮选择图块文件"新块图 6.2.dwg"，确认插入点即可引入图块

图 7.2

注意：也可用"带基点复制"和"粘贴"命令来拼画装配图。选择下拉式菜单"编辑（E）→带基点复制（B）"命令后，在零件图上选择装配图上所需图形并确定复制的基点，然后切换至装配图，选择下拉式菜单"编辑（E）→粘贴（P）"命令并移动光标，在屏幕上确定零件图的放置位置。依次打开其他零件图并重复上述操作，将装配图（图 7.3）上所需图形从零件图上粘贴复制过来。

图 7.3 装配图的创建过程

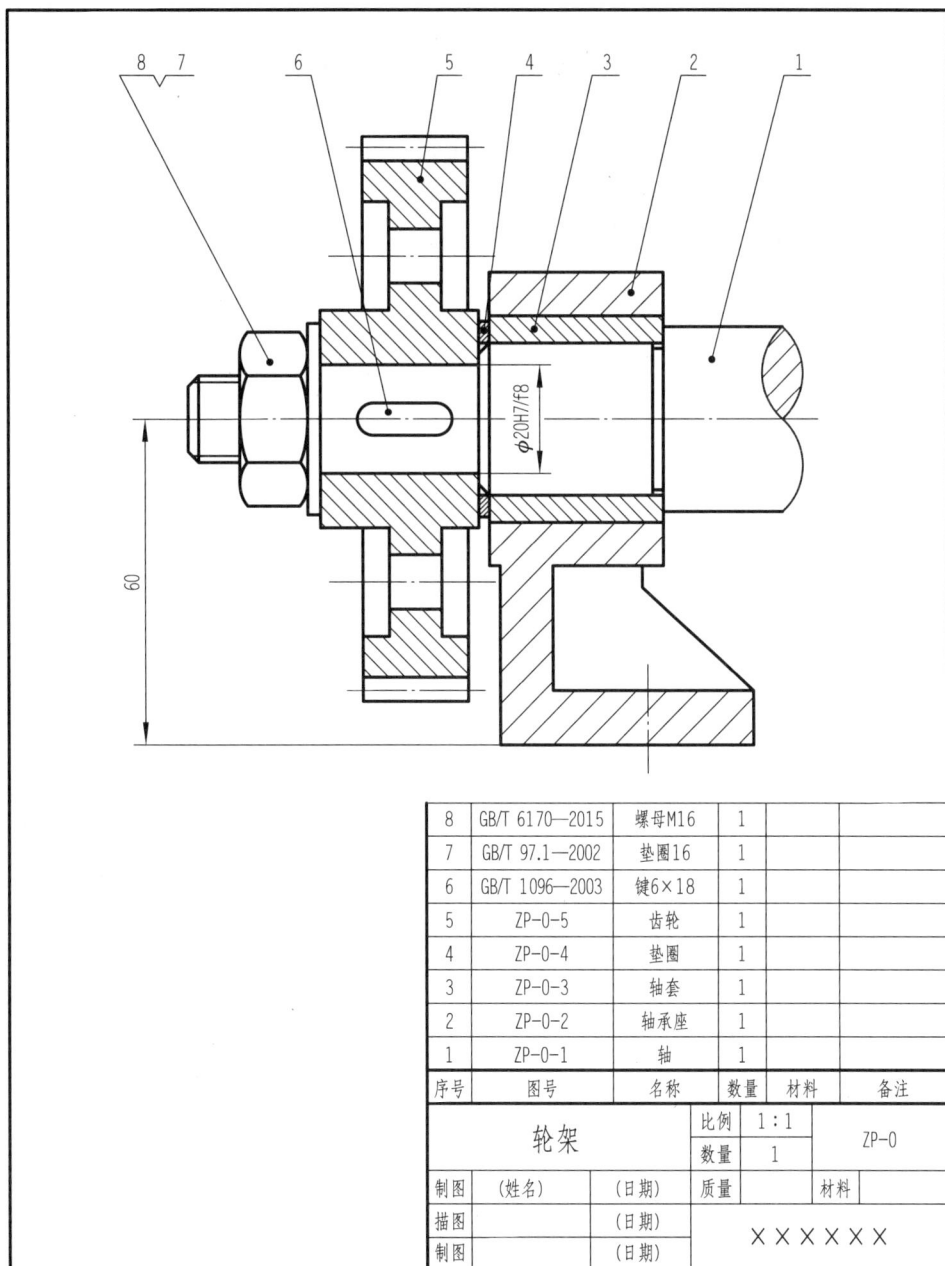

| 8 | GB/T 6170—2015 | 螺母M16 | 1 | | |
| 7 | GB/T 97.1—2002 | 垫圈16 | 1 | | |
| 6 | GB/T 1096—2003 | 键6×18 | 1 | | |
| 5 | ZP-0-5 | 齿轮 | 1 | | |
| 4 | ZP-0-4 | 垫圈 | 1 | | |
| 3 | ZP-0-3 | 轴套 | 1 | | |
| 2 | ZP-0-2 | 轴承座 | 1 | | |
| 1 | ZP-0-1 | 轴 | 1 | | |
| 序号 | 图号 | 名称 | 数量 | 材料 | 备注 |

| 轮架 | | 比例 | 1 : 1 | ZP-0 |
| --- | --- | --- | --- | --- |
| | | 数量 | 1 | |
| 制图 | (姓名) | (日期) | 质量 | 材料 |
| 描图 | | (日期) | ××××× | |
| 制图 | | (日期) | | |

图 7.3

5. 如图 7.4 所示，将插入的图块分解后清理多余图线，编辑图案填充（用鼠标双击填充的图案，可编辑填充图案的角度和比例），使其符合装配图的要求。

图 7.4

6. 标注尺寸、编写零件序号［指引线端部的小黑圆点可采用"圆环（Donut）"命令绘制，指定圆环内径为 0、外径为 0.8，指引线采用"直线（Line）"命令绘制，数字用"单行文字（Text）"命令输入］、制作明细栏、填写表格等（填写文字时，可先写一处文字，然后通过多次复制随后编辑的方式快速完成）。（注：也可用下拉式菜单"标注（N）→多重引线（E）"命令来编写零件序号）。

7. 完成全图，保存图形于自备 U 盘中，文件名为"图 7.3"。

# 实验八

# 绘制建筑工程图

## 一、实验目的

1. 熟悉建筑制图中图形界限及尺寸的设置方法。
2. 掌握绘制建筑工程图的基本方法。
3. 正确合理地运用建筑工程图的各种表达方法。

## 二、实验要求

1. 按作图内容，参照指导步骤绘制建筑工程图。设置文字样式和标注样式并标注文字和尺寸。
2. 完成作图后分别以文件名"预应力空心板"和"平面图"保存在自备的 U 盘上。

## 三、使用的命令

二维绘图命令和二维编辑命令的综合运用；多线命令及多线样式设置和编辑命令；图案填充等命令。

## 四、实验内容及指导

[例题 8-1] 绘制图 8.1 所示的预应力空心板。

绘图步骤如下：

1. 新建图形，初始绘图环境参照以前实验设置。
2. 按下表新建各图层并设置线型、颜色、线宽，线型比例为 15。

| 用途 | 层名 | 颜色 | 线型 | 线宽 |
| --- | --- | --- | --- | --- |
| 画粗实线 | FUL | 7（白/黑） | Continuous | 0.3 mm |
| 画细实线 | THI | 2（黄色） | Continuous | 默认 |
| 画细点画线 | CEN | 1（红色） | CENTER | 默认 |

图 8.1 中图形的绘制过程

图 8.1 中的尺寸标注

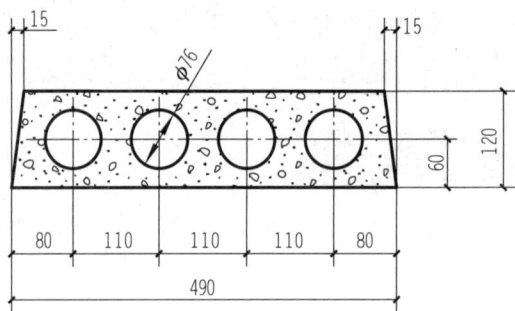

图 8.1 预应力空心板

注意：如图 8.2 所示，在以下的作图过程中，应使"特性"工具栏上的"颜色""线型""线宽"均为"ByLayer"（随层）。

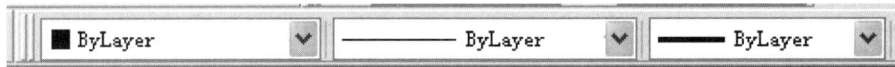

图 8.2

3. 在"FUL"层绘制图形，作图过程如图 8.3 所示。

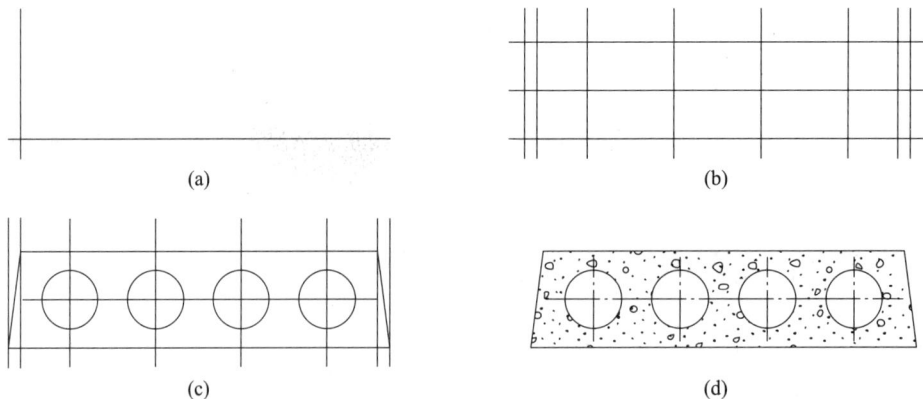

(a)

(b)

(c)

(d)

图 8.3

图案填充中所选图案为"AR-CONC"，比例为 0.1，所在图层为"THI"层。在填充前应将圆的中心线采用夹点编辑功能缩短至合适长度。

4. 图线换层。将选中的对象转换图层，此操作需在"工具（T）→选项（N）→选择集→选择集模式"中选中"先选择后执行（N）"复选项后执行。作图过程及提示如图 8.4 所示。

5. 标注尺寸，完成全图绘制，再选择下拉式菜单"文件（F）→保存（S）"命令，以文件名"预应力空心板"保存文件。

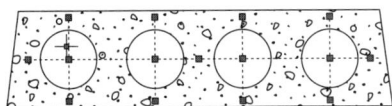

（a）用光标选中图中中心线

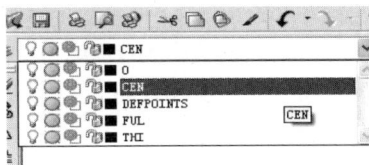

（b）选择"CEN"层，即可将选中的中心线转换至该层

图 8.4

[**例题 8-2**] 绘制图 8.5 所示的简单平面图，并标注尺寸，书写文字。

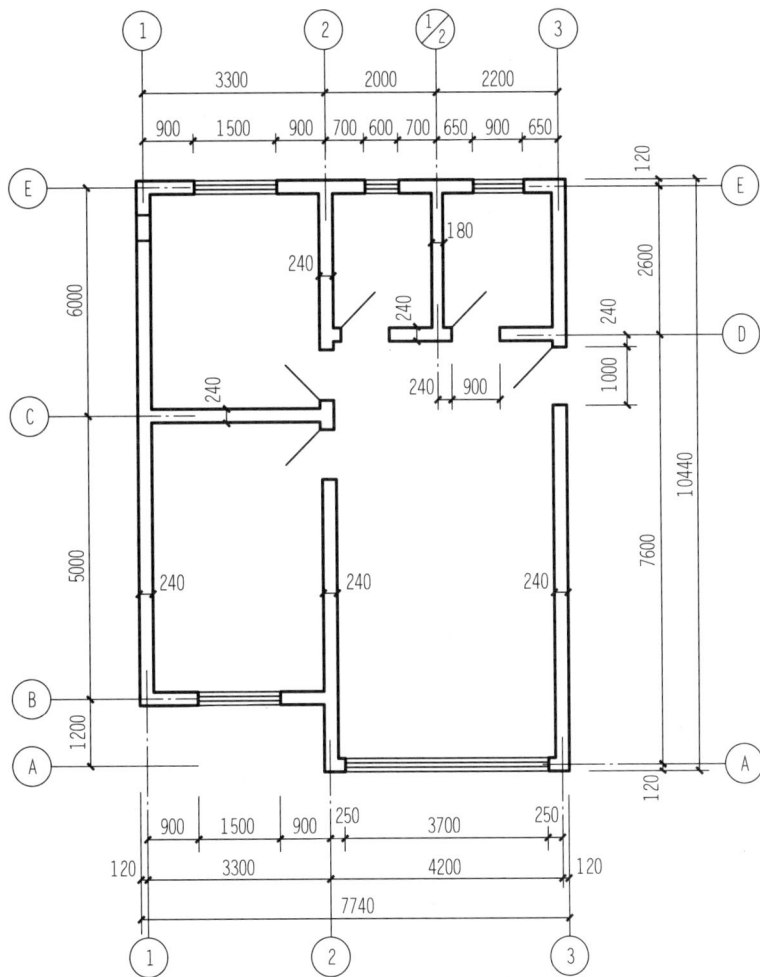

平面图 1:100

图 8.5

绘图步骤如下：

1. 新建图形，设置合适的绘图环境，设置图层和线型如下。

| 用途 | 层名 | 颜色 | 线型 | 线宽 |
|------|------|------|------|------|
| 画粗墙体线 | FUL | 7（白／黑） | Continuous | 0.5 mm |
| 画细实线 | THI | 2（黄色） | Continuous | 默认 |
| 画细点画线 | CEN | 1（红色） | CENTER | 默认 |
| 标注尺寸 | DIM | 3（绿色） | Continuous | 默认 |
| 书写文字 | TEXT | 6（品红） | Continuous | 默认 |

2. 绘制图形。

（1）用"多线（Mline）"命令［下拉式菜单"绘图（D）→多线（U）"］绘制墙体。绘制前，应对多线样式进行设置，其方法为：选择下拉式菜单"格式（O）→多线样式（M）"命令，打开"多线样式"对话框，如图8.6所示。单击"修改（M）"按钮，弹出"修改多线样式"对话框，在"封口"区域选中"直线（L）"的"起点"和"端点"项，其他不变，如图8.7所示。单击"确定"按钮返回"多线样式"对话框，观察预览窗口的图形变化，双线多线样式两端已封口，线间距为1。

"多线（Mline）"命令的使用方法如下：

命令：Mline↙

当前设置：对正＝上，比例＝20.00，样式＝STANDARD

指定起点或［对正（J）/比例（S）/样式（ST）]：J↙（重新选择对正方式）

输入对正类型［上（T）/无（Z）/下（B)]＜上＞：Z↙（设置为中间对正）

当前设置：对正＝无，比例＝20.00，样式＝STANDARD

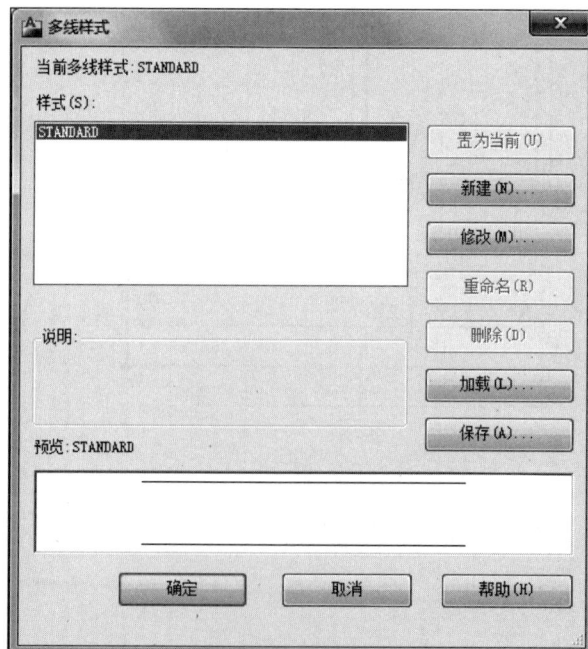

图8.6

AutoCAD 上机实验指导书

图 8.7

指定起点或［对正（J）/ 比例（S）/ 样式（ST）］: S↙（调整多线宽度比例）

输入多线比例 <20.00>: 240↙（设置比例 240，即墙宽 240）

指定起点或［对正（J）/ 比例（S）/ 样式（ST）］:（按照绘制直线的方式绘制多线，直至结束）↙

绘制过程如图 8.8 所示。

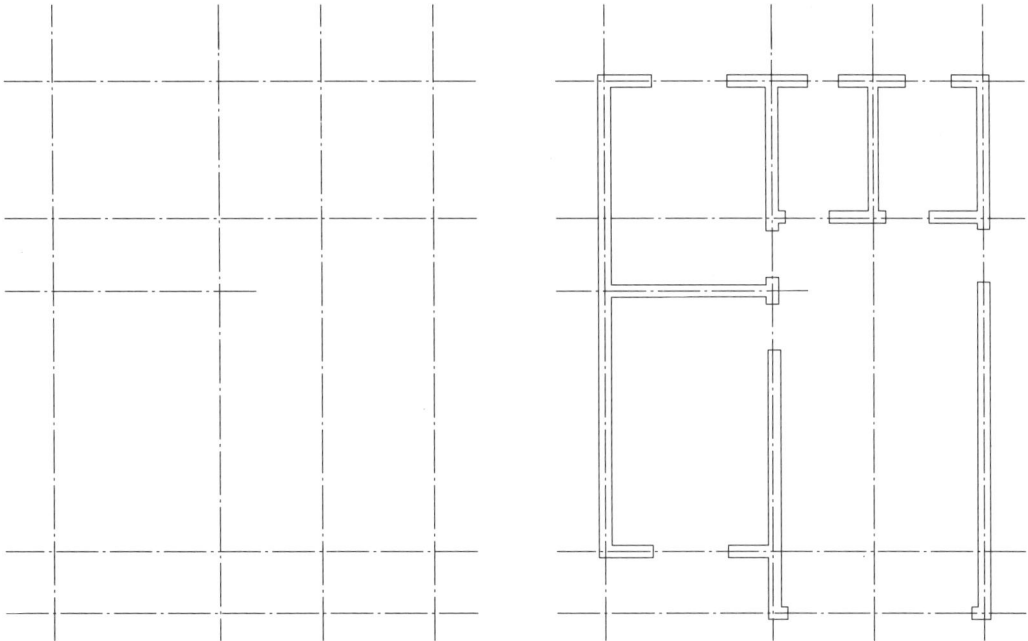

(a) 先各绘制一条长度适当的水平线、竖直线，按尺寸偏移复制，并用夹点编辑功能将其缩短至合适长短

(b) 使用"多线（Mline）"命令绘制墙体，应充分利用对象捕捉、极轴追踪、对象捕捉追踪等功能，分段绘制，留出门、窗位置，同时尽量使多线相交为完整 T 形，以便编辑

图 8.8

（2）使用多线编辑工具进行编辑。多线的编辑不能采用以前的常用命令，而要选择下拉式菜单"修改（M）→对象（O）→多线（M）"命令或直接双击需要编辑的多线，打开如图8.9所示的"多线编辑工具"对话框进行。确实无法编辑的多线，可用"分解（Explode）"命令将其分解后，用其他编辑命令完成。

图 8.9

（3）绘制门、窗。

3. 分别在"TEXT"层和"DIM"层书写文字及标注尺寸。

步骤如下：

（1）设置文字样式。参照实验五中的［例题5-1］设置文字样式。

（2）设置尺寸标注样式。参照实验四中的［例题4-1］设置尺寸标注样式。不同之处为，在图4.5所示对话框中选择"符号和箭头"选项卡，在"箭头"区域的"第一个（T）："和"第二个（D）："下拉列表框中选择"建筑标记"项。在"调整"选项卡的"标注特征比例"区域选中"使用全局比例（S）"单选项，并将数值设置为120。

（3）按图8.5标注尺寸。

（4）书写文字。将"TEXT"层设为当前层，输入图形名称"平面图1∶100"，字高设为400。在书写轴线编号时，为了保证文字位于圆圈中心，书写文字前应进行如下操作：

指定文字的起点或［对正（J）/样式（S）］：J↙（输入J回车，调整对正方式）

输入选项［对齐（A）/布满（F）/居中（C）/中间（M）/右对齐（R）/左上（TL）/中上（TC）/右上（TR）/左中（ML）/正中（MC）/右中（MR）/左下（BL）/中下（BC）/右下（BR）］：M↙（选择中间对正）

指定文字的中间点：（用鼠标捕捉圆的圆心）

再继续输入文字"A"即可（字高300）。

4. 以文件名"平面图"保存绘好的图形。

**AutoCAD** 上机实验指导书

# 实验九

# 三维实体建模

## 一、实验目的

1. 熟悉采用 AutoCAD 软件进行三维建模的环境和功能，掌握用户坐标系的建立方法，同时掌握通过改变二维图形的厚度值来建立三维模型的方法。

2. 掌握用建模命令建立基本形体的方法，学会由平面图形通过拉伸、旋转等操作建立三维模型的方法。

3. 了解采用布尔运算建立复杂三维模型的基本方法。

## 二、实验要求

1. 参照图 9.2、图 9.4、图 9.7 所示指导步骤建立三维模型。

2. 完成作图后分别以各自文件名保存在自备的 U 盘上。

3. 体会总结上机作图过程，完成课后练习题。

## 三、使用的命令

三维绘图命令和三维编辑修改命令的综合运用；布尔运算命令如"并集（Union）""差集（Subtract）""交集（Intersect）"等；"面域（Region）"或"边界（Boundary）"命令等。

## 四、实验内容及指导

[例题 9-1] 绘制图 9.1 所示的三维模型。

绘图步骤如下：

1. 打开图 3.1 所示的图形文件，删去图中尺寸及图框后将其另存为"图 9.1"，将文件保存到"学号 – 姓名"文件夹中。

2. 设置视点：选择下拉式菜单"视图（V）→三维视图（D）→西南等轴测（S）"命令。

3. 按图 9.2a～g 所示步骤和说明完成作图。

4. 用三维动态观察器观察作出的三维模型。

图 9.1

▶ 图 9.1 的创建
过程

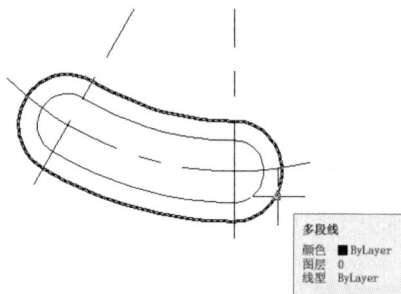

多段线
颜色　■ ByLayer
图层　0
线型　ByLayer

(a) 选择下拉式菜单"绘图（D）→边界（B）"
　　命令，将两封闭线框变成两条多段线

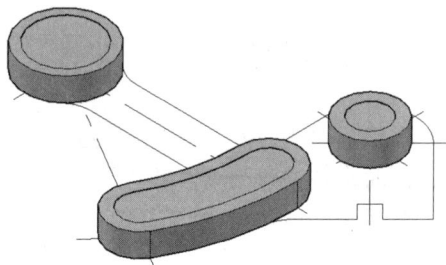

(b) 使用"拉伸（Extrude）"命令拉伸二维
　　图形，拉伸高度为 10，并将拉伸出的实
　　体放置在同一个图层中，关闭此图层

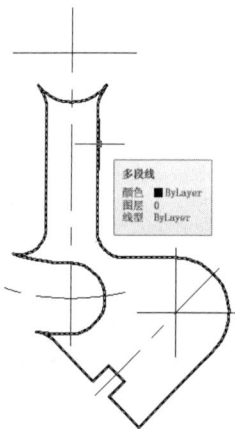

多段线
颜色　■ ByLayer
图层　0
线型　ByLayer

(c) 选择下拉式菜单"绘图（D）→边界（B）"
　　命令，将封闭线框变成一条多段线

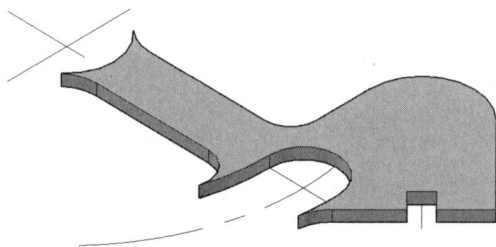

(d) 使用"拉伸（Extrude）"命令拉伸二维图
　　形，拉伸高度为 4

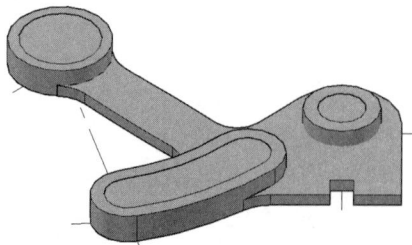

(e) 打开在步骤 b 中关闭的图层，显示在步
　　骤 b、d 中做好的实体，准备进行拼装

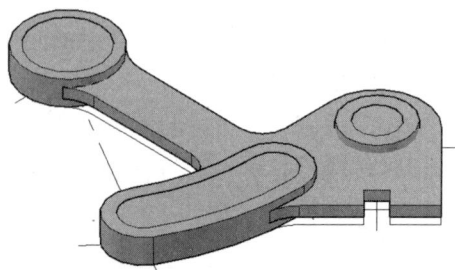

(f) 移动在步骤 d 中做好的实体，移动距离为 3

AutoCAD 上机实验指导书

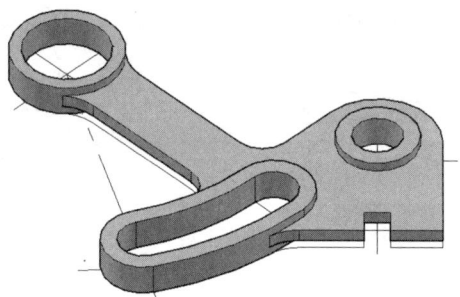

（g）做布尔运算并清理线条，完成全图

图 9.2

5. 保存文件。

[**例题 9-2**] 绘制图 9.3 所示的三维模型。

绘图步骤如下：

1. 打开图 5.1 所示的图形文件，删去尺寸及图框后将其另存为"图 9.3"，将文件保存到"学号 - 姓名"文件夹中。

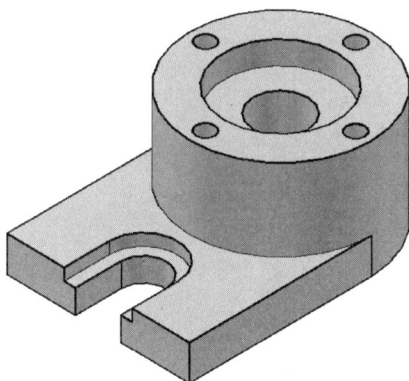

图 9.3

2. 设置视点：选择下拉式菜单"视图（V）→三维视图（D）→西南等轴测（S）"命令。

3. 按图 9.4a~h 所示的步骤和说明完成作图。

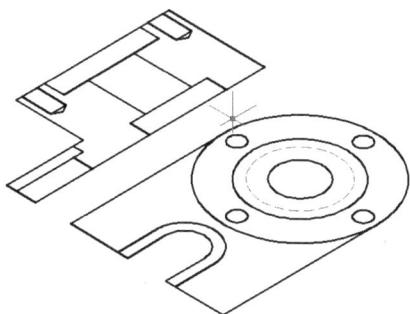

（a）关闭除"粗实线""细实线"和"虚线"层外的所有图层

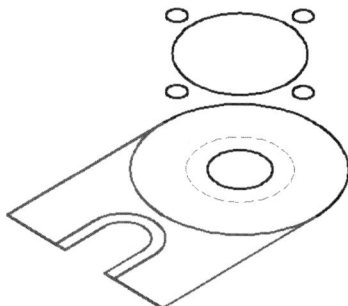

（b）按尺寸移动相关图元到相应的位置，用"边界（Boundary）"命令提取相应的封闭多段线线框，用于拉伸实体

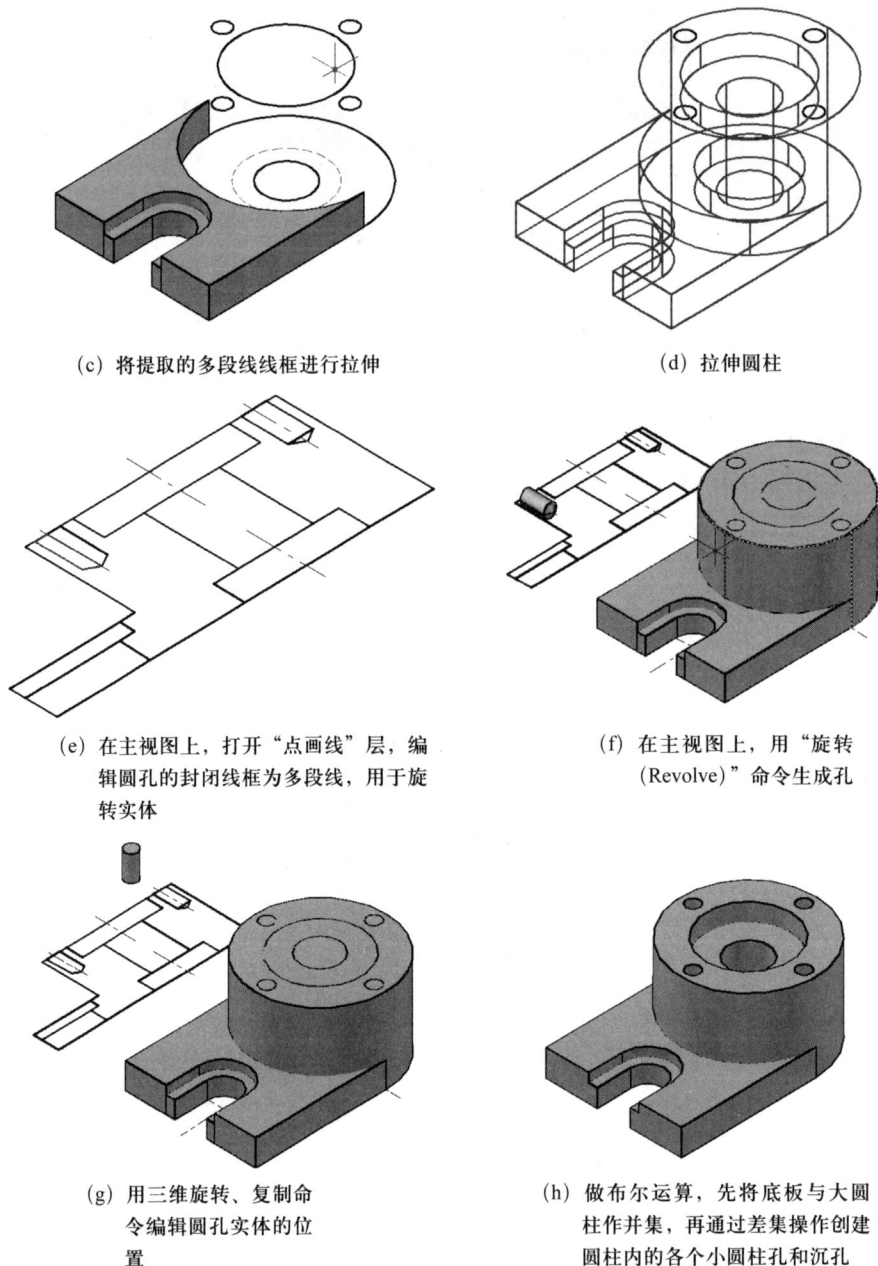

(c) 将提取的多段线线框进行拉伸

(d) 拉伸圆柱

(e) 在主视图上，打开"点画线"层，编辑圆孔的封闭线框为多段线，用于旋转实体

(f) 在主视图上，用"旋转(Revolve)"命令生成孔

(g) 用三维旋转、复制命令编辑圆孔实体的位置

(h) 做布尔运算，先将底板与大圆柱作并集，再通过差集操作创建圆柱内的各个小圆柱孔和沉孔

图 9.4

4. 用三维动态观察器观察作出的三维模型。

5. 保存文件。

[例题 9-3] 绘制图 9.5 所示的三维模型。

**建模分析** 该模型主要由空心半圆柱 + 两侧底板 + 带孔马蹄形竖板组成。由图 9.6 所示的三视图可知，切换工作平面为主视图方向，这些部分在主视图上均可提取为反映其形状特征的轮廓线框，然后按尺寸拉伸创建各部分的模型，最后用布尔并集运算合并成整体。对于空心半圆柱上的槽和底板上的马蹄孔，应先在底板上表面定义用

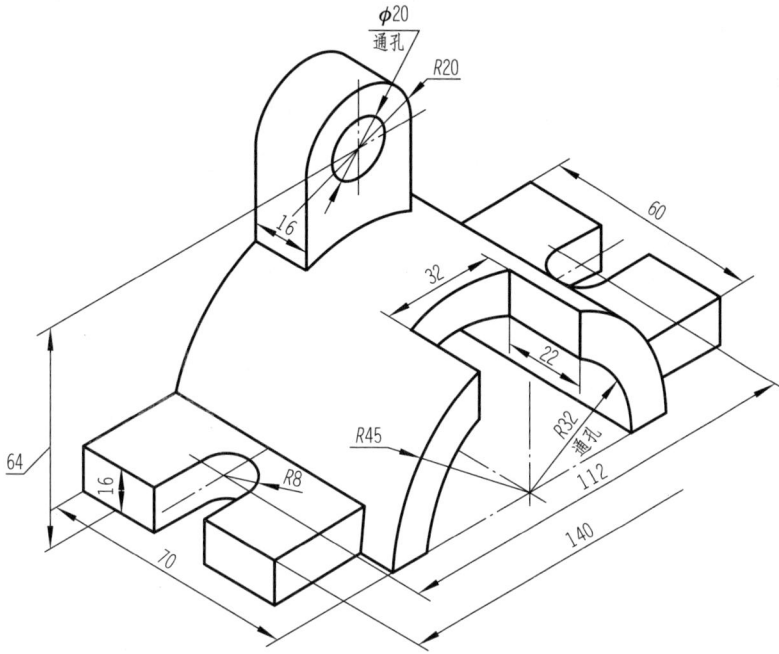

图 9.5

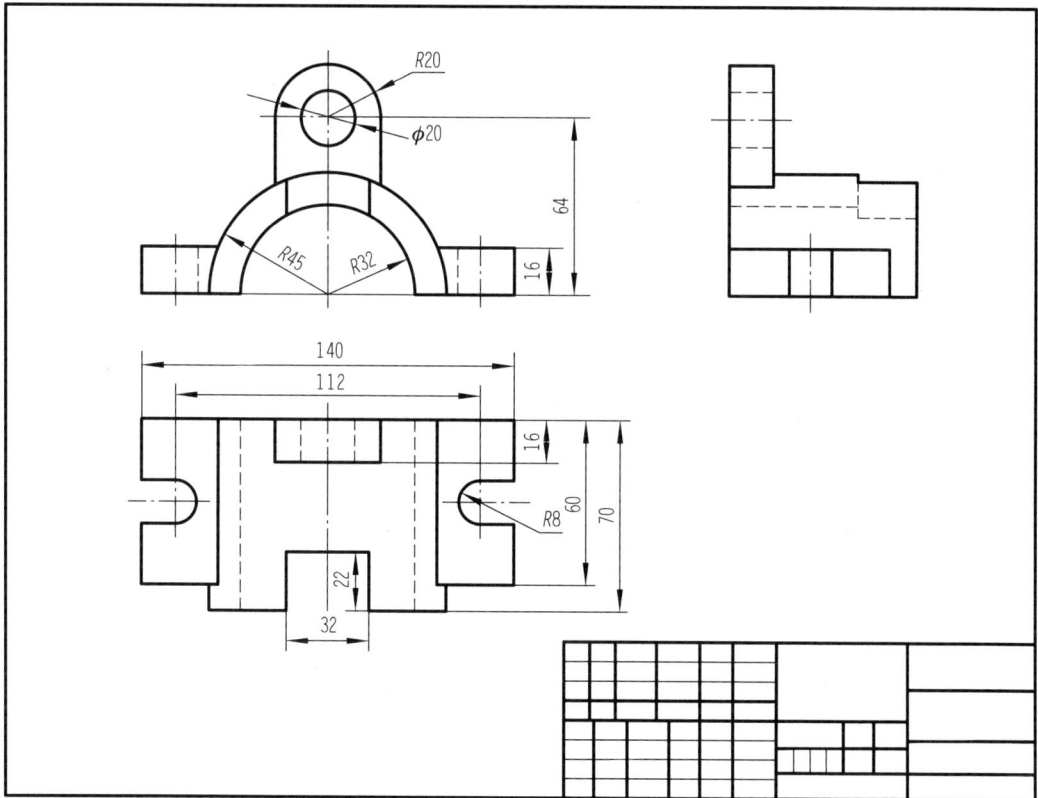

图 9.6

户坐标系（UCS），再绘制相应封闭多段线框，最后通过拉伸生成后，用布尔差集运算从整体中将其减去即可。

建模步骤如下：

1. 新建图形文件，将其保存为"图9.5"，保存文件到"学号－姓名"文件夹中。
2. 设置视点：选择下拉式菜单"视图（V）→三维视图（D）→西南等轴测（S）"命令。
3. 按图9.7a~f所示的步骤和说明完成作图。
4. 用三维动态观察器观察作出的三维模型。
5. 保存文件。

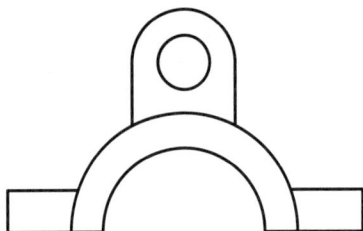

(a) 选择主视图方向，绘制如图所示视图，
　　将4个封闭线框提取为多段线

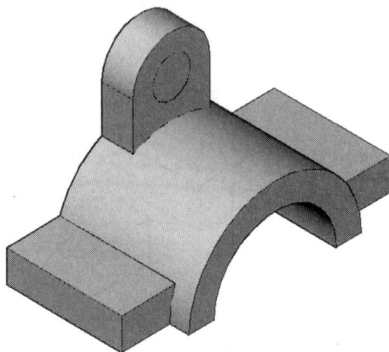

(b) 按尺寸拉伸各个线框

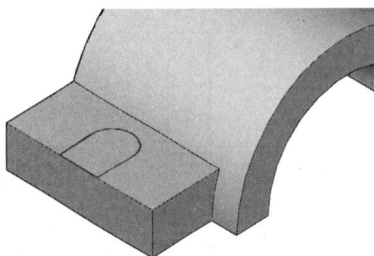

(c) 在底板上表面定义用户坐标系（UCS），
　　绘制图示的封闭多段线线框

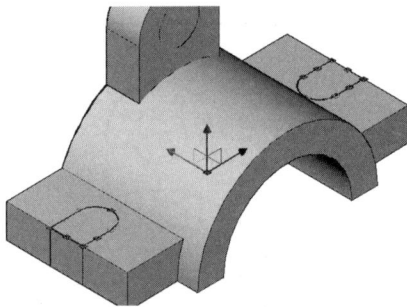

(d) 拉伸实体，并用3D镜像命令复制出
　　右侧的U形槽。

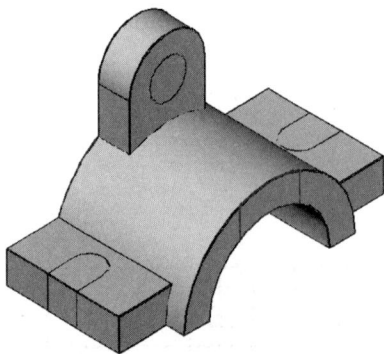

(e) 分别在空心半圆柱前表面、竖板前表面上
　　定义用户坐标系（UCS），绘制图示图形，
　　将其转换为多段线线框并拉伸生成实体

(f) 做布尔运算，先将底板、空心半圆柱、竖
　　板做并集运算，再做差集运算创建其他的
　　孔和槽

图9.7

## 五、课后练习题

按要求完成图 9.8、图 9.9、图 9.10、图 9.11、图 9.12 所示三维模型的建模。

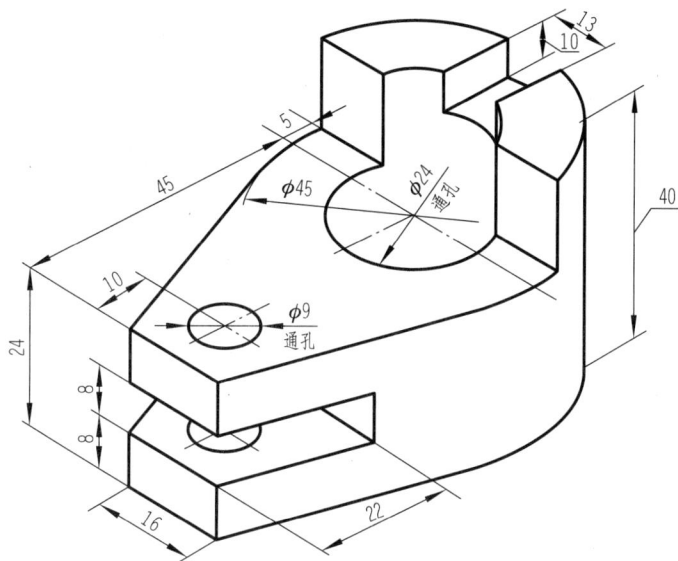

图 9.8

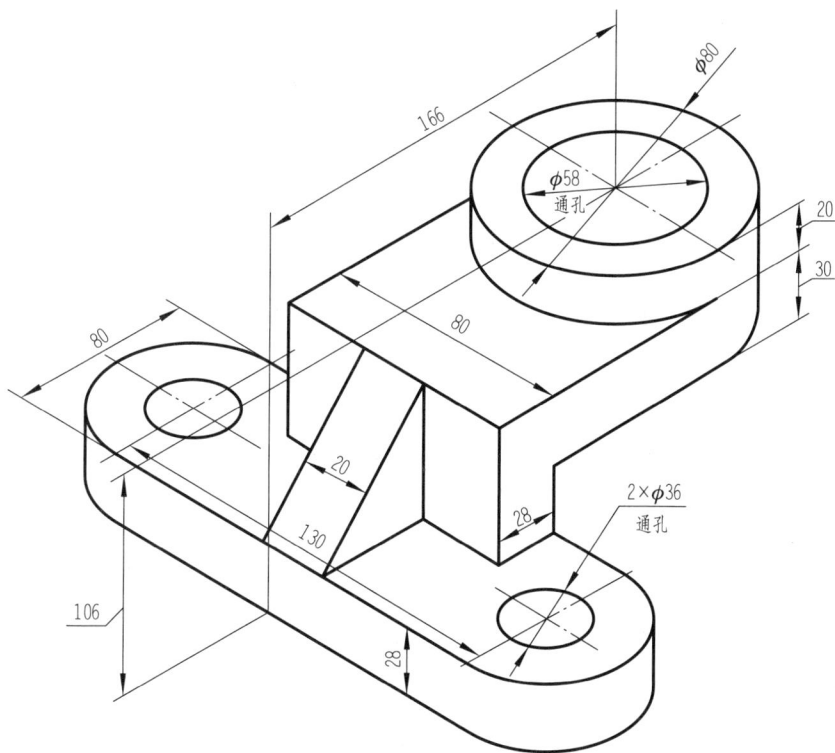

图 9.9

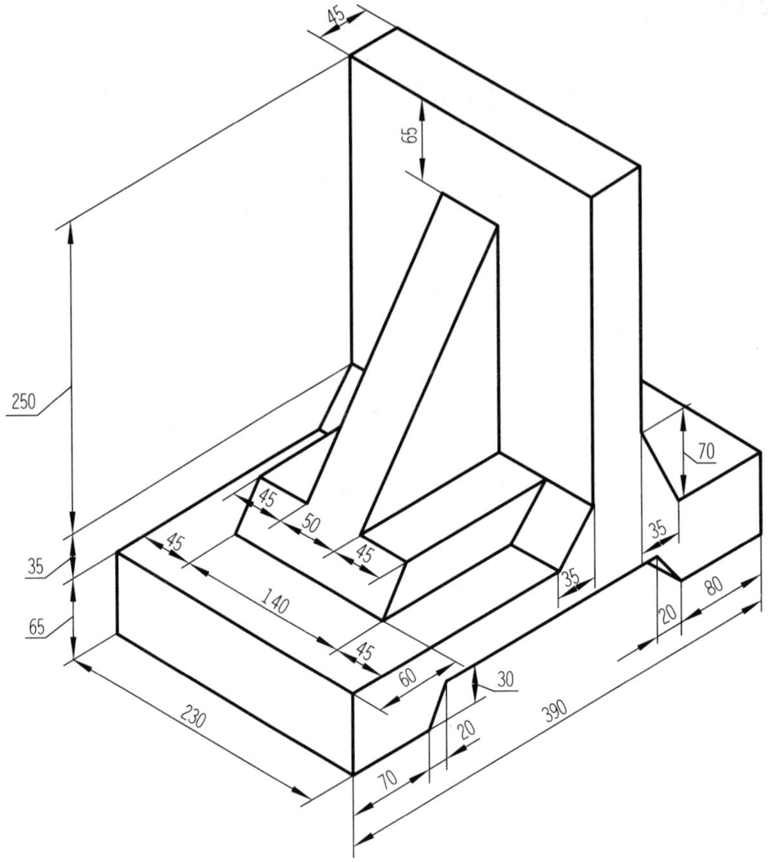

图 9.10

四棱柱凹坑底部有φ30圆柱通孔

$4×\phi16$
通孔

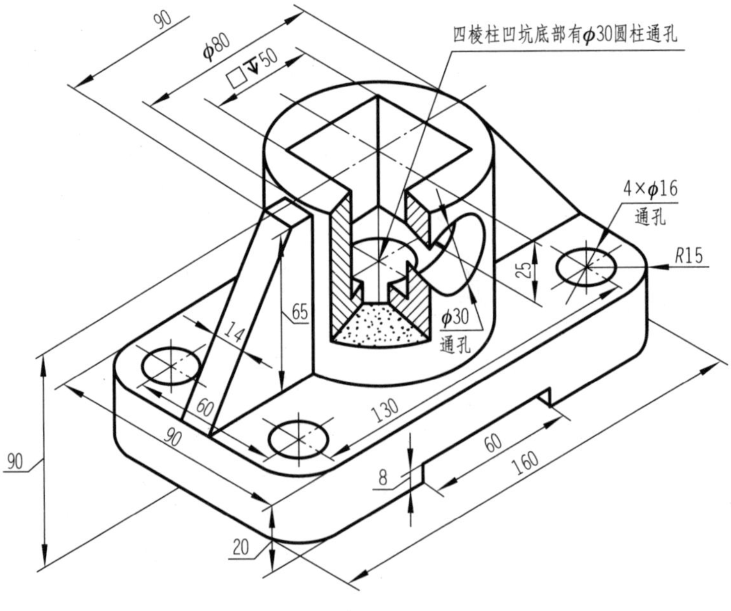

$R15$

$\phi30$
通孔

图 9.11

**AutoCAD** 上机实验指导书

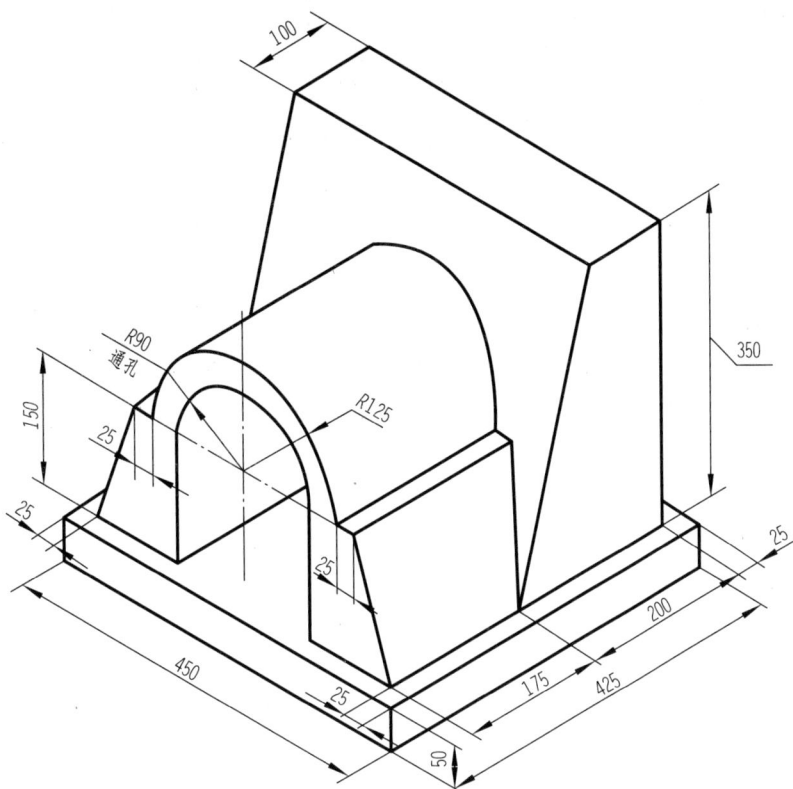

图 9.12

# 附 录

## 附录 A　常用格式及工具设置命令表

| 序号 | 称谓 | 命令 | 快捷命令 | 命令说明 |
|---|---|---|---|---|
| 1 | 图层 | Layer | LA | 管理图层和图层特性 |
| 2 | 线型 | Linetype | | 加载并设置线型 |
| 3 | 图形界限 | Limits | | 设置和控制当前"模型"或"布局"选项卡中栅格的显示范围 |
| 4 | 单位 | Units | UN | 控制坐标和角度的显示格式和精度 |
| 5 | 草图设置 | Dsettings | | 设置栅格、捕捉、极轴追踪和对象捕捉模式 |
| 6 | 点样式 | Ddptype | | 指定点对象的显示样式和大小 |
| 7 | 文字样式 | Style | ST | 在图形中创建、修改或设置文字样式 |
| 8 | 标注样式 | Dimstyle | D | 创建和修改标注样式 |

## 附录 B　常用二维绘图命令表

| 序号 | 称谓 | 命令 | 快捷命令 | 命令说明 |
|---|---|---|---|---|
| 1 | 直线 | Line | L | 创建直线段 |
| 2 | 多段线 | Pline | PL | 创建二维多段线 |
| 3 | 构造线 | Xline | XL | 创建无限长的线 |
| 4 | 射线 | Ray | | 创建单向无限长线 |
| 5 | 圆弧 | Arc | A | 创建圆弧 |
| 6 | 圆 | Circle | C | 创建圆 |
| 7 | 圆环 | Donut | DO | 创建填充的圆和环 |
| 8 | 矩形 | Rectang | REC | 创建矩形多段线 |
| 9 | 多边形 | Polygon | POL | 创建等边闭合多段线 |
| 10 | 椭圆 | Ellipse | EL | 创建椭圆或椭圆弧 |

| 序号 | 称谓 | 命令 | 快捷命令 | 命令说明 |
|---|---|---|---|---|
| 11 | 样条曲线 | Spline | SPL | 创建非一致有理 B 样条（NURBS）曲线 |
| 12 | 点 | Point | PO | 创建多个点对象 |
| 13 | 定数等分 | Divide | DIV | 将点对象或块沿对象长度或周长等间隔排列 |
| 14 | 定距等分 | Measure | ME | 将点对象或块在对象上按指定间距排列 |
| 15 | 图案填充 | Bhatch | BH | 用图案填充封闭区域或选定对象 |
| 16 | 单行文字 | Dtext | DT | 输入文字的同时在屏幕上显示 |
| 17 | 多行文字 | Mtext | T | 创建多行文字对象 |
| 18 | 创建图块 | Block | B | 从选定对象创建块定义 |
| 19 | 写图块 | Wblock | W | 从选定对象创建外部块定义 |
| 20 | 基点 | Base | | 设置当前图形的插入基点 |
| 21 | 定义属性 | Attdef | ATT | 创建属性定义 |

## 附录 C　常用修改命令表

| 序号 | 称谓 | 命令 | 快捷命令 | 命令说明 |
|---|---|---|---|---|
| 1 | 删除 | Erase | E | 从图形中删除对象 |
| 2 | 复制对象 | Copy | CO | 复制对象 |
| 3 | 镜像 | Mirror | MI | 创建对象的镜像图像副本 |
| 4 | 偏移 | Offset | O | 创建同心圆、平行线和等距曲线 |
| 5 | 阵列 | Array | AR | 创建按指定方式排列的多个对象副本 |
| 6 | 移动 | Move | M | 将对象在指定方向上平移指定的距离 |
| 7 | 旋转 | Rotate | RO | 绕基点旋转对象 |
| 8 | 缩放 | Scale | SC | 在 $X$、$Y$ 和 $Z$ 方向上同比例放大或缩小对象 |
| 9 | 拉伸 | Stretch | S | 移动或拉伸对象 |
| 10 | 修剪 | Trim | TR | 用其他对象定义的剪切边修剪对象 |
| 11 | 延伸 | Extend | EX | 将对象延伸到另一对象 |
| 12 | 打断 | Break | BR | 在两点之间打断选定的对象或在一点打断选定的对象 |
| 13 | 倒角 | Chamfer | CHA | 给对象加倒角 |
| 14 | 圆角 | Fillet | F | 给对象加圆角 |

| 序号 | 称谓 | 命令 | 快捷命令 | 命令说明 |
|---|---|---|---|---|
| 15 | 分解 | Explode | | 将一复合对象分解为数个单一对象 |
| 16 | 特性 | Properties | PR | 控制现有对象的特性 |
| 17 | 特性匹配 | Matchprop | MA | 将选定对象的特性应用到其他对象 |
| 18 | 编辑图案填充 | Hatchedit | HE | 修改现有的图案填充对象 |
| 19 | 编辑多段线 | Pedit | PE | 编辑多段线 |
| 20 | 编辑属性 | Eattedit | | 编辑块上的属性 |
| 21 | 编辑文字 | Ddedit | | 编辑文字、标注文字和定义属性 |

附录 D  常用视图操作命令表

| 序号 | 称谓 | 命令 | 快捷命令 | 命令说明 |
|---|---|---|---|---|
| 1 | 实时平移 | Pan | P | 在当前视口中移动视图 |
| 2 | 实时缩放 | Zoom | Z | 放大或缩小显示当前视口中对象的外观尺寸 |
| 3 | 窗口缩放 | Zoom → W | | 按指定的矩形窗口缩放显示区域 |
| 4 | 缩放到上一个 | Zoom → P | | 缩放以显示上一个视图 |
| 5 | 全部缩放 | Zoom → A | | 显示图形范围或栅格界限 |
| 6 | 范围缩放 | Zoom → E | | 显示图形范围 |
| 7 | 重生成 | Regen | RE | 从图形数据库重生成整个图形 |
| 8 | 重画视图 | Redrawall | R | 刷新所有视口中的显示 |

附录 E  常用对象捕捉命令表

| 序号 | 称谓 | 命令 | 命令说明 |
|---|---|---|---|
| 1 | 捕捉自 | From | 在命令中获取某个点相对于参照点的偏移 |
| 2 | 捕捉到端点 | End | 捕捉到对象的最近端点 |
| 3 | 捕捉到中点 | Mid | 捕捉到对象的中点 |
| 4 | 捕捉到交点 | Int | 捕捉到两个对象的交点 |
| 5 | 捕捉到外观交点 | Appint | 捕捉到两个对象的外观交点 |
| 6 | 捕捉到延长线 | Ext | 捕捉到圆弧或直线的延长线 |
| 7 | 捕捉到圆心 | Cen | 捕捉到圆、圆弧、椭圆或椭圆弧的中心点 |
| 8 | 捕捉到象限点 | Qua | 捕捉到圆、圆弧、椭圆或椭圆弧的象限点 |

| 序号 | 称谓 | 命令 | 命令说明 |
|---|---|---|---|
| 9 | 捕捉到切点 | Tan | 捕捉到圆、圆弧、椭圆、椭圆弧或样条曲线的切点 |
| 10 | 捕捉到垂足 | Per | 捕捉到垂直于对象的点 |
| 11 | 捕捉到平行线 | Par | 捕捉到指定直线的平行线 |
| 12 | 捕捉到节点 | Nod | 捕捉到点对象 |
| 13 | 捕捉到最近点 | Nea | 捕捉到对象的最近点 |
| 14 | 对象捕捉设置 | Osnap | 设置对象捕捉模式 |
| 15 | 过滤 $X$ 坐标 | .X | 过滤对象 $X$ 坐标 |
| 16 | 过滤 $Y$ 坐标 | .Y | 过滤对象 $Y$ 坐标 |